NOUVEAUX PAPAS

les clés de l'éducation positive

REJOIGNEZ NOTRE COMMUNAUTÉ DE LECTEURS !

Inscrivez-vous à notre newsletter et recevez des informations sur nos parutions, nos événements, nos jeux-concours… et des cadeaux !

Rendez-vous ici : **bit.ly/newsletterleduc**
Retrouvez-nous sur notre site **www.editionsleduc.com** et sur les réseaux sociaux.

Leduc s'engage pour une fabrication écoresponsable !
« Des livres pour mieux vivre », c'est la devise de notre maison. Et vivre mieux, c'est vivre en impactant positivement le monde qui nous entoure ! C'est pourquoi nous choisissons nos imprimeurs avec la plus grande attention pour que nos ouvrages soient imprimés sur du papier issu de forêts gérées durablement, et qu'ils parcourent le moins de kilomètres possible avant d'arriver dans vos mains ! Pour en savoir plus, rendez-vous sur notre site.

Réécriture, suivi éditorial et maquette : Yvonne Lambert-Bissuel
Adaptation de la maquette au format poche : Patrick Leleux PAO
Design couverture : Antartik
Photo : AdobeStock

10 place des Cinq-Martyrs-du-Lycée-Buffon
75015 Paris
ISBN : 979-10-285-2220-9
ISSN : 2427-7150

GILLES VAQUIER DE LABAUME

Préface d'Isabelle Filliozat

NOUVEAUX PAPAS

les clés de l'éducation positive

LEDUC poche

Sommaire

Préface

Il y a tout juste vingt-cinq ans, notre fille venait au monde. Elle a changé notre vie. Je suis devenue mère et mon compagnon, qui n'était pas encore mon mari, est devenu père. « Comment être un bon père ? » La question l'avait obsédé pendant la grossesse, mais le laissait démuni face à ce tout petit être. La vie l'a aidé à trouver sa réponse : une septicémie post-césarienne, puis des suites handicapantes, m'ont clouée au lit pendant plusieurs semaines. Il a bien fallu qu'il prenne en charge les soins au nourrisson. J'allaitais notre fille au biberon, mais il la changeait, lui donnait le bain, l'habillait, la berçait, la promenait… Toutes ces activités lui ont permis de tisser avec elle un attachement bien plus fort qu'il ne l'aurait jamais imaginé. Il a souvent par la suite évoqué avec gratitude ces moments. Si j'avais été valide, il n'aurait pas osé prendre autant sa place. Il avait été élevé dans l'idée qu'une maman « savait mieux ». Deux ans plus tard, notre fils est né.

Jean-Bernard a été un fabuleux papa jusqu'à sa mort récente. Il a été emporté cette année par un foudroyant cancer au cerveau. Pendant les quatre mois qu'ont duré sa maladie, il a regardé son passé. Ses seuls regrets ont été de n'avoir pas été assez présent, d'avoir crié parfois, de s'être énervé… Jamais d'avoir endormi son bébé dans ses bras, d'être arrivé en retard à l'école ou d'avoir laissé passer l'heure du coucher. On nous a fait croire qu'un père devait manifester son autorité. Mais un papa est l'autorité de facto ! Inutile d'en rajouter ! Aux yeux d'un enfant, son papa, c'est un géant, c'est la sécurité, c'est la force, c'est la source de toutes sortes de solutions, c'est l'humour et la bonne humeur... On a envie de l'écouter, de vivre avec lui, de lui faire plaisir.

J'ai eu la chance de rencontrer Gilles Vaquier de Labaume, qui a compris cela et bien plus, et a décidé de partager ses révélations sur l'attachement et l'approche positive, tout d'abord dans ses ateliers destinés aux futurs pères et maintenant dans un livre. Les papas d'aujourd'hui ne veulent plus incarner le père Fouettard d'antan. Ils veulent vivre heureux avec leurs enfants, aimer et être aimés. Et ça fera du bien à tout le monde : aux enfants, aux papas, aux mamans et à la société future. L'ouvrage que vous tenez entre les mains éclaire d'une lumière bienveillante les situations conflictuelles banales dans toutes les familles. Il fournit des informations aux papas et surtout des outils concrets pour trouver des solutions aux multiples défis du quotidien. Cet ouvrage salutaire regorge de pistes ludiques qui changent la vie avec légèreté. On se retrouve à hauteur d'enfant, à discuter bave d'escargot, à faire parler des jambes de collant ou à remplir ensemble un « cahier des succès ». L'auteur considère l'enfant comme un être de droits et non de devoirs, il nous plonge dans des histoires de square, de bain, d'habillage… on y croise des bisous, des pleurs et des rages, des émotions, des besoins, la vraie vie quoi ! L'Atelier du futur papa devrait être remboursé par la Sécurité sociale, et je ne désespère pas qu'il le soit un jour. En attendant, chaque père peut plonger dans cet ouvrage pour y puiser ressources, soutien et idées innovantes.

Isabelle Filliozat
Psychothérapeute et écrivaine

Avant-propos

L'enfant par sa venue au monde a une exigence : que nous, parents, considérions que tout est à construire ensemble et que nous soyons prêts à nous transformer à chaque instant pour adapter notre réponse à son stade de développement.

Hier, formateur pharmaceutique[1], aujourd'hui, formateur pour futurs papas ! En regardant en arrière mon passé récent de jeune père, avec ses réussites et ses manqués, j'ai constaté qu'il n'y avait pas de formation pour devenir papa, le « métier » s'apprend sur le tas, comme celui de maman. J'ai alors eu envie de me former de façon à pouvoir ensuite partager mon expérience, en faire profiter d'autres hommes confrontés aux difficultés du rôle de père. En 2014, j'ai créé l'Atelier du futur papa[2],

1. Le formateur pharmaceutique travaille pour un laboratoire et a pour rôle de faire connaître aux équipes des pharmacies clientes de ce laboratoire les produits fabriqués par celui-ci, leur rayon d'action, leurs contre-indications et les arguments commerciaux pour le vendre.
2. https://www.atelierdufuturpapa.com

première « école des papas », partenaire de la Fondation pour l'enfance[3].

L'objectif du livre *Nouveaux Papas* est de proposer aux lecteurs, futurs pères ou jeunes pères[4] principalement, des outils efficaces, faciles à comprendre et à mettre en place en s'appuyant sur les nouvelles techniques de l'éducation positive, confortées par les neurosciences.

Les futurs et jeunes pères se posent désormais de très nombreuses questions au sujet de l'éducation des enfants car ils ont compris qu'il existe d'autres voies, différentes des schémas désuets du passé qu'ils ne souhaitent surtout pas reproduire.

Les enfants d'aujourd'hui ne sont sans aucun doute plus les enfants d'hier et les papas non plus ! Il est vrai qu'il leur est pour autant très difficile de donner à leur enfant ce qu'ils n'ont pas reçu eux-mêmes.

Les papas modernes cherchent activement des solutions pour résoudre toutes ces petites situations conflictuelles du quotidien de façon à prendre une nouvelle direction, rendue nécessaire par leur

---

3. La Fondation pour l'enfance se bat depuis 1977 pour la défense des droits de l'enfant et pour améliorer la protection de l'enfance : fondation-enfance.org
4. Rappelons que l'expression jeune père/mère ou jeune papa/maman ne signifie pas forcément que la personne est particulièrement jeune. Elle est simplement néophyte dans son rôle de parent. Ce livre s'adresse aussi bien à des jeunes ayant eu leur premier enfant autour de vingt ans qu'à des personnes devenues parents à un âge plus avancé.

implication de plus en plus prégnante dans l'éducation de leurs enfants. Ils ont bien conscience que l'on ne peut plus faire comme avant. Pour autant, ils n'ont pas les clés pour opérer ce changement. Ce que je vous livre ici, ce sont des astuces pour réussir sur la voie de cette parentalité moderne, positive, engagée et bienveillante.

Les jeunes mamans ont également bien compris tout l'enjeu qui sous-tend cette implication du nouveau père et la force de l'impact dans la future harmonie familiale. Certaines jeunes mères, qui manquent peut-être un peu d'assurance, ont en effet tendance à ne plus fréquenter que des jeunes mamans comme elles, par qui elles se sentent comprises et avec qui elles peuvent échanger sur les joies et les questions soulevées par la maternité. Il est fréquent, en effet, lorsqu'on débute dans le « métier » de parent, d'être abreuvé de conseils généreusement donnés par des proches qui n'ont pas d'enfants et qui s'imaginent que l'éducation est quelque chose de simple. Qui n'a jamais entendu des phrases comme : « Moi, à ta place, je ferais plutôt comme ça… » ou « Mais pourquoi tu n'es pas plus ferme avec ton enfant ? Il te mène par le bout du nez ! ». C'est tellement facile – et cela part d'un bon sentiment ! – de donner des leçons quand on n'est pas confronté aux problèmes de la parentalité ! Mais mieux vaut attendre d'être soi-même père ou mère pour se permettre de conseiller un proche. Ainsi que le disent certains parents : « Avant, j'avais des principes, maintenant, j'ai des enfants ! ».

Un papa moderne, informé, voire formé, tranquillise la maman et lui procure de la sérénité au moment de se remettre en forme après l'accouchement et de débuter cette nouvelle vie. Si le père est impliqué, s'il a les connaissances nécessaires pour assumer seul son rôle de père, la jeune mère pourra sortir en toute sérénité sans leur bébé.

Avec l'arrivée de l'enfant, la vie de couple, désormais tumultueuse, se trouve mise à rude épreuve. Harmoniser vos attentes avec votre conjoint constitue une force pour votre avenir commun. En vous engageant pleinement aujourd'hui dans votre paternité naissante, vous avez en main l'une des clés pour préserver votre couple et construire l'harmonie familiale de demain. Cette vie de famille est alors très différente de celle qu'ont connue nos parents et nos grands-parents : soutenue par son conjoint dans presque toutes les tâches inhérentes à la présence du bébé (hormis donner le sein !), la jeune mère peut sortir plus rapidement de la bulle dans laquelle elle se sent parfois enfermée avec son bébé ; retrouver un rythme de travail normal ; revoir ses ami(e)s (et l'on sait à quel point sont nécessaires les sorties sans le conjoint, aussi bien pour l'homme que pour la femme) ; prendre soin d'elle ; reprendre peut-être une activité sportive, culturelle ou autre… Et tout cela ne peut que contribuer à l'équilibre du couple et à l'épanouissement du bébé. En effet, si ce dernier est ravi d'avoir une maman qui se dévoue à lui corps et âme, une relation aussi fusionnelle ne saurait être bénéfique à long terme car l'équilibre de la cellule familiale en pâtirait. Pour le père, il ne s'agit plus, comme cela se faisait par le passé dans certaines familles, d'attendre que bébé marche pour s'investir dans son éducation ou de ne s'attribuer que le rôle de père Fouettard. Et tant mieux ! Car plus vous passerez de temps seul avec votre enfant – un temps de qualité – plus ce dernier sera enclin à écouter et à respecter vos demandes. Un père ce n'est pas juste un éducateur, c'est aussi un être rempli de tendresse, de joie et d'humour, qu'il doit faire partager à son enfant. Une vie de famille équilibrée ne repose plus sur des prérogatives masculines d'un côté, féminines de l'autre, mais sur une égale répartition des tâches, les deux parents s'impliquant à tour de rôle dans des actions identiques, car ce que fait la mère, le père peut le faire aussi – excepté, on l'a vu, donner le sein… et encore (voir encadré p. 36-38).

Ainsi, nous, les nouveaux papas, nous pouvons exercer dans le cercle familial une forte influence avec d'autres moyens que ceux auxquels avaient recours les générations d'avant. Cela ne signifie pas que nous faisons fi des règles : car il s'agit bien de mettre un cadre, de fixer des règles pour construire une nouvelle relation avec nos enfants, plutôt que d'entretenir une relation fondée sur un donneur d'ordre d'un côté et un exécutant de l'autre. Le but est de leur donner l'ouverture d'esprit nécessaire à leur propre construction mais aussi de leur permettre de faire face aux épreuves de la vie avec philosophie et bon sens. Au final, nous souhaitons que nos enfants deviennent des adultes autonomes et responsables, qui sachent faire des choix.

Ce livre a le mérite de participer à l'un des grands chantiers des changements nécessaires en ce monde : la relation à l'enfant, le lien d'attachement père/enfant et la force d'une famille unie au quotidien, dans un état d'esprit différent et par des moyens fermes et bienveillants. Face à ce monde en évolution, à ces nouveaux enfants, aux informations récentes apportées par les neurosciences, les pères modernes ne veulent pas être en reste. Désormais, ils veulent assumer fièrement leur rôle de papa présent et bienveillant qui, il faut le dire, leur va si bien.

Nous espérons qu'en lisant ce livre, vous serez plus à même de comprendre vos propres réactions de parents, de décoder les comportements de vos enfants, de développer une relation forte et d'obtenir plus facilement leur coopération ; que vous trouverez, grâce aux moyens éducatifs modernes, des solutions pour anticiper et résoudre les situations difficiles avec votre enfant et pour mieux préparer le futur de votre famille car la petite enfance est une période cruciale pour le développement : la « fenêtre des 1000 jours »[5] conditionne la construction du jeune être humain.

5. On appelle les « 1000 jours » la période qui va de la conception du bébé jusqu'à son deuxième anniversaire.

1

La genèse de l'Atelier du futur papa

Un nouveau-né a un pouvoir exceptionnel, il nous fait naître une seconde fois

Quand votre conjointe achève ce marathon doublé d'un sprint final auquel on peut comparer le travail de l'accouchement et que la sage-femme vous met le bébé dans les bras, vous ne savez pas encore à quoi vous vous destinez, vous recevez cet électrochoc émotionnel, incommensurable, et vous réalisez en un instant que votre vie a changé pour toujours ! Quelques secondes à peine pour comprendre que le plus grand tournant de votre vie vient de s'amorcer et que vous venez d'être transformé à jamais.

Le plus beau rôle de votre vie commence, un rôle magnifique mais aussi un peu terrifiant. En effet, devenir parents vous rend forts et fragiles tout à la fois. Forts, car vous avez désormais une responsabilité de taille : vous occuper d'un tout-petit qui, au début et pendant des années, ne peut subvenir seul à ses besoins vitaux. Vous allez prendre soin de lui, le soutenir, lui montrer l'exemple. Fragiles, car ce que vous avez à présent de plus cher au monde, c'est cet être minuscule, complètement vulnérable, dont la vie même dépend de vous.

Or, nous croyons bien souvent, plus ou moins consciemment, que les problèmes sérieux n'arrivent qu'aux autres. Mais ce n'est pas toujours le cas. Nous en avons fait, ma femme et moi, la douloureuse expérience un week-end de mai 2012. Pourtant la vie nous avait déjà envoyé des signaux d'avertissement, et le pire avait toujours été évité… Jusqu'au jour où notre vie a basculé : notre petite fille, Margot, dont nous étions censés garantir la sécurité, a fait une chute grave dans l'escalier, chez des amis.

Une sensation d'horreur s'est emparée de moi d'un seul coup, brûlante, envahissante, me donnant le goût amer de la vie. J'ai ressenti le poids d'une culpabilité inébranlable : je me sentais seul responsable de cet accident. « C'est un accident, monsieur ! me criait une aide-soignante de l'hôpital d'Amiens.

Par définition, ce n'est justement pas prévisible : vous n'y êtes pour rien ! »

Impossible, dans ces moments-là, de ne pas se sentir au beau milieu des flammes acides et brûlantes de l'enfer. Mes amis n'avaient de cesse de me dire que j'étais un super papa, j'en étais si fier, je prenais ce rôle très à cœur mais sans en connaître vraiment les tenants et les aboutissants, ni même avoir ne serait-ce qu'un début de conscience de ce que cela allait me demander comme transformations.

Avec une triple fracture du crâne, Margot aurait pu se retrouver handicapée ; or, par l'effet d'un double miracle, d'une part, elle a survécu à l'accident, d'autre part, elle n'a pas eu de séquelles. Aujourd'hui, je le sais, je l'ai appris à mes dépens – et cela a failli coûter la vie à mon enfant : la clé de la réussite de la parentalité (comme de beaucoup d'autres choses) tient en un seul mot, anticiper.

Sorti de ce calvaire, je me suis renseigné sur les possibilités qui existaient de se former au rôle de père : désormais, j'avais l'intention de remplir ma mission en approchant de la perfection. J'ai alors découvert avec stupéfaction que rien n'existait pour se préparer à être papa, absolument rien ! En parallèle, je me suis documenté et j'ai appris que les chiffres des accidents domestiques en France étaient catastrophiques et que – bonne nouvelle ! – 90 % d'entre eux étaient évitables ! Conclusion : il fallait des outils et une prise de conscience pour éviter les pièges de ce phénomène dramatique.

Certes, j'ai trouvé des stages de formation aux premiers secours, mais rien de spécifiquement dévolu aux futurs papas, rien sur la valorisation du rôle de père dans l'éducation par rapport à la relation à l'enfant, rien sur la prévention des risques à domicile et à l'extérieur ni sur la nécessité d'anticiper les dangers.

Formateur de métier et apprenti papa traumatisé par cet événement qui aurait pu avoir des conséquences tragiques, j'ai donc décidé de me former et j'ai passé un CAP petite enfance et un certificat de formateur pour parents en discipline positive (voir encadré p. 26). Puis, j'ai lancé en avril 2014 l'Atelier du futur papa, premier concept de préparation à la parentalité dédié exclusivement aux futurs ou aux jeunes pères. L'Atelier propose à ces derniers une formation dont les contenus reposent sur la santé, la sécurité, la prévention des risques et la parentalité positive.

Par ailleurs, à maintes reprise au cours de ma vie, j'avais remarqué que j'avais une propension naturelle à attirer les enfants mais je ne savais pas vraiment quoi faire de ce privilège, de ce pouvoir d'attraction. Cela sautait tellement aux yeux que tout le monde me le disait ! Je mettais cela sur le compte de mon inusable joie de vivre. Fort de ce constat, à un moment donné, j'avais même envisagé de travailler dans la petite enfance mais au final cela ne s'était jamais concrétisé.

Dorénavant, je voulais donc aider les autres, leur éviter de vivre ce que j'avais subi et d'être la proie d'une multitude de pensées négatives et de sentiments douloureux : la souffrance de voir mon enfant blessée, la peur de la perdre ou de la voir handicapée à vie, la culpabilité qui ronge, le sentiment d'être un monstre, l'envie de quitter cette vie puisque j'étais la cause d'un mal gigantesque et, en même temps, l'impossibilité de le faire puisque cela aurait causé un deuxième préjudice à ma fille. La vie, avec un grand V, que j'aimais tant naguère, celle à qui je rendais grâce, était devenue pour moi une prison, elle m'avait trahi.

Mon salut ne tenait alors qu'à un fil, ma croyance en l'impossible, à savoir la guérison de mon enfant, le retour à la vie normale. Cette vie normale, dont bien souvent l'éclat se ternit car nous ne sommes plus capables d'être éblouis par les petites joies du quotidien. Que n'aurais-je donné, à ce moment, pour simplement m'immerger dans la routine d'une vie de famille ordinaire : ces moments simples, quand nous sommes bien vivants, en bonne santé, sans événement extraordinaire heureux ou malheureux, c'est une chance immense, que nous devrions célébrer à tout instant. Ce que j'ai compris à cette période ma vie, c'est que chaque seconde qui s'écoule est merveilleuse si elle m'offre juste cette normalité.

Grâce à une force inconnue, prière après prière, ma fille Margot est sortie de cet accident sans séquelles et notre drame a alors connu une issue heureuse. Je ne sais vraiment pas qui remercier pour ce mystérieux retour à la vie mais je le dis avec force aujourd'hui : merci ! Ce genre d'événement pourrait transformer un athée extrémiste en moine passionné car, dans ces moments-là, tout ce qu'il vous reste, ce sur quoi vous fondez tous vos espoirs, c'est la relation à l'au-delà – que cet au-delà ait pour vous un sens religieux ou non : en tant qu'être humain, vous vous sentez complètement impuissant à améliorer la situation, à guérir votre enfant, et vous avez tendance à vous tourner vers l'invisible et l'irrationnel, vers toute forme de spiritualité qui pourrait vous porter une assistance pour laquelle vous êtes prêt à tout donner, absolument tout.

J'ai donc commencé, en avril 2014, à dispenser cette formation à destination des futurs et jeunes papas, et je l'ai orientée selon deux axes : la santé, module relatif à mon passé de formateur en pharmacie, et la sécurité, thématique en lien direct avec notre drame familial.

Sur le plan personnel, mettre en place ces ateliers et rencontrer ces futurs et jeunes papas a constitué pour moi une sorte de thérapie – j'ai peu à peu évacué cette culpabilité immense qui me rongeait – et cela m'a permis de prendre le plus beau virage professionnel de ma vie car l'Atelier du futur papa, c'est le meilleur de moi-même : Gilles-le-papa et Gilles-le-formateur se rejoignaient à des fins pédagogiques pour transmettre un savoir, parler en public, faire rire. Et surtout, je savais qu'à chaque rencontre j'agissais pour une cause supérieure à ma personne et que je faisais du bien aux autres tout en étant (enfin) en paix avec moi-même.

En prime, je m'enrichissais au contact de personnes inconnues alors qu'auparavant, mon métier de commercial ne me permettait pas d'avoir une approche aussi humaine, un véritable échange relationnel, fondé sur la réciprocité. J'ai toujours été un très bon commercial et il faut bien sûr avoir une certaine sensibilité, une ouverture aux autres pour réaliser les challenges proposés par la direction, mais au fond rien de bien profond, rien de généreusement humain. En effet, derrière mes relations professionnelles, il y avait toujours un enjeu financier : même si l'un des aspects intéressants de mon travail était la formation de mes clients pharmaciens, même si avec certains d'entre eux j'ai eu la chance d'entretenir de merveilleuses relations, je restais un commercial qui vend un produit et veut faire du chiffre (les laboratoires pharmaceutiques ne sont pas réputés pour leur philanthropie !) et j'avais face à moi des clients qui cherchent à faire baisser les quantités achetées et qui, par ailleurs, habitués à recevoir à la chaîne les commerciaux de divers laboratoires y perdaient aussi un peu de leur âme d'enfant. C'était une relation très égocentrée de part et d'autre, chacun étant focalisé sur son propre intérêt.

Par la suite, j'ai eu la chance de rencontrer Isabelle Filliozat, porte-parole de la parentalité positive (voir encadrés p. 26, 40 et 59-60), et de la recevoir comme intervenante lors d'une formation que je donnais à l'Atelier du futur papa. Au fil du temps et des rencontres, j'ai adapté les contenus de ma formation.

LA DISCIPLINE POSITIVE : « UN ENFANT RÉUSSIT MIEUX LORSQU'IL SE SENT MIEUX »

La discipline positive est une approche de l'éducation qui se fonde sur les travaux de deux psychiatres autrichiens, Alfred Adler (1870-1937), fondateur de la psychologie individuelle, et son disciple Rudolf Dreikurs (1897-1972). Elle propose aux parents, aux enseignants et aux éducateurs des outils et une méthode qui permettent d'encourager l'enfant à développer un certain nombre de compétences sociales : respect mutuel, auto-discipline, autonomie, sens des responsabilités, envie d'apprendre. L'adulte apprend à exercer son autorité avec fermeté et bienveillance, dans un rapport respectueux de la position de l'enfant, bien différent du rapport de soumission dans lequel traditionnellement il est souvent maintenu, sans pour autant se montrer laxiste ou s'appuyer sur un système punitif.

Ce sont deux Américaines, Jane Nelsen et Lynn Lott, qui, chacune de leur côté, ont commencé dès 1969 à proposer aux parents des ateliers et des formations s'appuyant sur la discipline positive. À partir des années 1980, elles conjuguent leurs efforts et, en 1988, co-écrivent le livre *La discipline positive pour les adolescents*[6]. En 2004, elles créent l'Association

6. Nelsen (Jane) et Nott (Lynn), *La discipline positive pour les adolescents,* Éditions du Toucan, 2014, traduction et adaptation de Béatrice Sabaté.

discipline positive (PDA)[7] afin de partager leur enseignement à travers le monde. Le diplôme « animateur d'ateliers de discipline positive pour les parents » est l'un de ceux proposés par la PDA.

LES ATELIERS FILLIOZAT[8] : CHANGER DE REGARD SUR LES ENFANTS ET SUR L'ÉDUCATION

« Comprendre ce qui se passe dans le cerveau des enfants pour mieux communiquer et accomplir le rêve de tout parent : les aider à construire les fondations de leur sécurité intérieure, les accompagner dans l'intégration de leur confiance en leur personne propre comme en leurs compétences, pour qu'ils deviennent des adultes autonomes, intelligents, responsables et empathiques.
Des idées, des exemples, des astuces, des techniques simples et rapides pour qu'ils mettent leur casquette

→

7. http://www.disciplinepositive.fr/
8. Isabelle Filliozat est l'auteure de nombreux livres, parmi lesquels plusieurs best-sellers : *L'intelligence du cœur* (J.-C. Lattès, 1997, Marabout, 2013), *J'ai tout essayé* (Marabout 2013, Lattès, 2015), *Au cœur des émotions de l'enfant,* Marabout, 2013. Ce texte est extrait de la présentation faite par Isabelle Filliozat sur son site https://www.ateliers-filliozat.com/

lorsqu'ils vont au soleil ou leurs bottes quand il pleut sans que cela pose problème, pour partir à l'école à l'heure et sans stress, pour que les repas soient des moments agréables de partage, pour que le square ne soit pas une angoisse, pour qu'elle nous donne la main pour traverser la rue sans chercher à s'échapper, pour qu'il cesse de se chamailler avec sa sœur, pour qu'elle aille faire pipi aux toilettes et qu'il se lave, pour un coucher avec histoire mais sans histoire... Bref, pour un quotidien [...] plus gai, plus libre, plus heureux. »

Depuis sa création en 2014, l'Atelier du futur papa a fait l'objet de plusieurs reportages à la télévision, ce qui a contribué à faire connaître cette offre de service inédite et unique. Mais s'adresser exclusivement aux hommes, ce n'était pas gagné, et ma démarche, parfois mal comprise, a été vertement critiquée. S'il est vrai que les couples de papas sont rapidement venus vers moi – et j'ai toujours senti en eux une bienveillance naturelle, un vif désir de transmettre, de s'inscrire dans le don, d'être pères – contrairement à ce que certains ont pu penser, mes motivations n'avaient rien à voir avec la législation sur le mariage homosexuel. En effet, c'est l'expérience vécue lors de l'accident de ma fille qui m'a amené là où je suis aujourd'hui ! Bien entendu, l'Atelier est ouvert à tous les pères ou futurs papas sans discrimination : c'est justement ce désir commun d'élever son enfant dans la bienveillance qui anime nos rencontres et nous enrichit mutuellement.

En général, les hommes sont pudiques, dans la retenue, peu enclins à se livrer, pour ne pas dire «debout sur les freins»! J'étais de ceux là... Je me suis alors adressé à leurs conjointes car, dans bien des domaines, les femmes sont le fer de lance de la communication et de l'évolution dans le monde. Ayant tout de suite compris l'intérêt de l'Atelier non seulement pour leur conjoint mais pour l'harmonie de la vie de famille, elles ont rapidement répondu présentes et ont contribué à ce beau succès: en offrant à leurs conjoints une carte cadeau pour participer à l'un de mes ateliers, elles les ont incités à venir. Au final, 100 % d'entre eux étaient heureux de cette journée de formation car elle leur a permis de prendre conscience des actions à mener, de l'incroyable potentiel que nous offre le rôle de parents et de l'intérêt de jouer ce rôle dans un cadre harmonieux et positif. De prime abord, nombreux sont les hommes qui voient en mon offre de services un business inutile, voire quelque chose d'anti-masculin par essence parce qu'ils considèrent qu'elle s'adresse aux hommes plutôt «faibles», paniqués par leur paternité. Les hommes sont en général peu enclins à investir une journée entière pour parler bébé, ils ont peur d'en ressortir féminisés, de voir bouleversé leur taux de testostérone! Erreur! Ils doivent apprendre à se remettre en question, à rencontrer des inconnus et à échanger avec eux au sujet de leur expérience de père. Ils en ressortiront grandis, enrichis par ces rencontres, la tête pleine d'informations, d'astuces, de conseils pratiques. Ils pourront ensuite échanger avec leur conjointe et prendre les rênes de leur nouvelle vie avec fierté, assurance et confiance.

Ma démarche se fonde sur la transmission et le partage, sur la nécessité d'évoluer en matière d'éducation, sur la volonté de diffuser un nouveau message au sujet de ce que nous sommes et surtout ce que nous pouvons être tous demain. La sécurité intérieure est l'un des facteurs de la réussite chez l'être humain, mais comment la transmettre à son enfant dès le plus jeune âge ? Quand tout se passe bien, c'est parfait, mais quand la situation dérape, quand le couple se sépare, quand les cris fusent, très rapidement un sentiment d'impuissance s'installe chez les parents et la question de la méthode à appliquer entre en jeu : méthode douce ou méthode stricte ? À cette question, je réponds : ni l'une ni l'autre !

Un ami me sollicite un jour car il est en grande difficulté avec son fils de 7 ans. Celui-ci, supportant difficilement la séparation de ses parents, est sujet à de violentes colères et entretient avec son père une relation conflictuelle. Il se trouve que chaque parent envoie sur l'autre des messages négatifs par l'intermédiaire de l'enfant, ce qui, bien entendu, influe négativement sur lui. « Il me cherche, me dit cet ami, et je ne comprends pas, car je fais souvent des activités avec lui en tête à tête. Mais rien n'y fait. Par exemple, si, lorsqu'il est en colère, je le prends dans mes bras pour l'apaiser, il prétend que je le frappe, que je suis violent. Or c'est faux, bien sûr. Mais comme sa colère est immense, pour le calmer, je le force un peu à venir dans mes bras. » En réalité, pour cet enfant, toute action est bonne pour exprimer son ressenti et se vider de cette situation négative qui le gêne fortement : ces colères récurrentes ne sont que l'extériorisation du conflit entre ses parents, et c'est ainsi qu'il exprime sa difficulté à accepter la situation, son mal-être qui l'empêche de vivre sereinement et d'avoir des rapports harmonieux avec son père. Les enfants sont souvent bien plus traumatisés qu'on ne le pense face à la séparation de leurs parents. Cette insolence caractérisée est le témoignage d'une violence interne difficile à maîtriser et à laquelle l'enfant ne peut trouver de solution puisque le retour en arrière est impossible. Être confronté à cette impossibilité et devoir l'accepter est vécu comme une forme de violence par l'enfant. J'ai alors suggéré à cet ami de commencer par prendre trente minutes seul avec son fils et, ensemble, de noter sur une feuille :

1) la liste des plaisirs et désirs de l'enfant ;

2) les nouvelles règles de la maison ;

3) les règles générales (croire en soi, être poli, respecter l'autre, aider autrui…) ;

4) les outils concrets, validés ensemble, pour sortir de la colère ;

5) la mission spécifique qui est désormais dévolue à l'enfant ;

6) le nombre de fois (deux au maximum !) où le parent reformule sa demande.

Très rapidement, cet écrit lui a permis de poser un cadre, de donner des repères à son enfant. Auparavant, mon ami privait son fils de dessert, son fils lui gâchait le sien. Cela ne fonctionnait pas, car punir, c'est attendre de l'enfant qu'il mène une réflexion qu'il lui est impossible d'avoir: «Là, j'ai exagéré, donc je dois me ressaisir la prochaine fois». Si c'est ce que vous attendez de votre enfant, les choses vont être compliquées. En revanche, en rédigeant ensemble une feuille de route commune et en décidant de s'y tenir, on se donne les moyens de trouver des solutions aux conflits: «Je vais t'accompagner dans les meilleurs moments, ceux que nous avons notés au point 1 ; et je vais aussi être avec toi lors de tes colères afin que nous trouvions ensemble avec quels outils du point 4 tu pourrais sortir de la crise; je serai là et je t'aiderai à trouver une solution pour toi sans jamais revenir sur notre pacte».

Ce nouvel homme que j'étais devenu à force de souffrance souhaitait que les autres changent, qu'ils anticipent, dans la douceur autour d'un atelier pédagogique que j'ai voulu à la fois théorique et pratique, convivial, et ludique. J'ai souhaité, à travers cet atelier et cet ouvrage, vous livrer des astuces et des pensées sur la parentalité de demain, en somme, partager un bout de moi-même, car je connais désormais le juste prix de chaque seconde de ma parentalité.

Devenir parents, c'est a priori facile car on imagine à juste titre que l'on va donner le meilleur de soi-même et, consciemment ou non, on se dit alors que le meilleur ce n'est pas ce qu'il y a de plus dur. Erreur ! Car c'est justement là que commence la difficulté. En effet, le premier des vecteurs de l'éducation étant l'exemple, c'est par soi-même que l'on doit amorcer le changement, avant de l'imposer ou de le prescrire aux autres.

Par ses réactions exacerbées, l'enfant a cette propension naturelle à réveiller nos propres blessures, ces plaies non cicatrisées que l'on croyait guéries à tout jamais et qui resurgissent à la surface de manière aussi violente qu'inattendue. Il nous renvoie brutalement en pleine figure la face cachée de notre passé, il devient ainsi le miroir de nos douleurs. Et de plus, il va nous demander de nous remettre en question pour nous adapter à lui et décrypter les besoins qu'il ne peut exprimer clairement.

Devenir coach n'est pas une mince affaire, d'autant plus que l'élève est notre propre enfant et que son énergie est débordante, son cerveau en construction, sa patience nulle, son envie énorme et sa capacité à se raisonner très faible. Un cocktail de paramètres qui est là pour nous pousser dans des réactions inappropriées car ce petit être si tendre, si inoffensif se révèle vite être une tornade. D'ailleurs, ne dit-on pas que l'enfant est comme un tsunami dans un couple ?

L'enfant va donc ainsi nous permettre de révéler le meilleur de nous-mêmes, comme le pire, tant parfois nos réactions sont vraiment disproportionnées, bien malgré nous. Nous verrons pourquoi au chapitre 2 (voir encadré p. 76-77). Et finalement, au lieu de lui servir d'exemple, c'est nous qui risquons de lui ressembler et d'avoir cette propension à surréagir face au stress !

Voilà le défi que vous devez relever : vous révéler comme coach, c'est-à-dire garder votre calme, tout en positivant en permanence, en soulignant les points forts de votre enfant, sans exagération mais avec précision, tout en sachant aussi pointer ses faiblesses sans pour autant être cassant, sans porter de jugement. Vous allez élever un enfant, c'est-à-dire, au sens premier du terme, le tirer vers le haut. Mais, si vous êtes en couple, avant tout, votre première mission, c'est de rester un couple. Cet équilibre fragile peut osciller facilement d'un côté comme de l'autre, avec des cris de joie ou de colère, car être en harmonie familiale est un vrai défi de tous les jours, qui va exiger de vous une capacité élevée à vous remettre en question, à avoir une vision à long terme et une bonne dose de philosophie.

C'en est fini des soirées tranquilles ! Un conseil : à partir de maintenant, ne vous asseyez plus au fond mais au bord du canapé, ce sera moins dur de vous relever toutes les trois minutes ! Vous connaissiez toutes les discothèques du centre-ville ? Désormais, les centres commerciaux des environs, les squares, les aires de jeu et les parcs d'animations n'auront plus de secrets pour vous ! Quand vous avez votre premier enfant, vous prenez conscience que jusqu'à présent vous étiez en vacances !

L'enfant nous demande une chose évidente au premier abord, c'est de nous transformer. Oui, mais pour devenir qui ? Le même, en meilleur, tout simplement. Quelle voie prendre alors pour atteindre ce graal de la relation parent/enfant ? Je vais m'attacher à vous donner des clés, des outils et des astuces pour vous permettre de passer ce cap du changement psychologique et comportemental. Il ne s'agit pas d'une règle arithmétique mais plutôt d'une philosophie, d'un état d'esprit, d'une vision. Rien ne sera comme avant, jamais parfait, car cette recherche de perfection parentale est un leurre.

Il s'agit de proposer des méthodes, de voir les choses à la lumière d'informations nouvelles apportées par les neurosciences et par les résultats de nombreuses mises en pratique, dont la mienne fait partie. En effet, d'une manière binaire je dirais que deux chemins s'offrent à vous, une voie révolue, reprenant les poncifs du passé et une voix nouvelle, appliquant des techniques qui permettent de faire passer les difficultés de la relation avec plus de douceur.

Pour ce faire, vous devez d'abord être en harmonie avec vous-même; il ne suffit pas d'appliquer des règles et des astuces pour que cela fonctionne, le premier des changements, c'est en vous qu'il faut l'opérer: votre vision, votre projet de vie familiale et le modèle éducatif que vous souhaitez mettre en place, bref votre posture.

Entrez dès aujourd'hui dans la parentalité de demain dont le secret tient en un mot: l'anticipation! Ne sous-estimez pas l'influence des astuces que je vais vous livrer ici sans en faire non plus un outil indispensable de réussite.

Sans aucun doute, les enfants d'aujourd'hui ne sont pas les enfants d'hier, ils grandissent très vite, ont une appétence de connexion intense avec vous.

Si vous les découvrez au jour le jour, sans aucune préparation, vous prenez le risque d'être souvent en retard quand il s'agit de répondre correctement à leurs besoins.

La qualité future de votre relation avec votre enfant tient avant tout à votre capacité de compréhension et de remise en question. Le parent doit amplifier la magie de l'enfance de façon à ce qu'elle constitue un socle solide pour que l'enfant, lorsqu'il devient à son tour adulte, puisse se reposer sur ce socle afin d'en construire un à son tour.

En venant au monde, l'enfant nous lance un défi de taille : il nous demande de repousser notre seuil de tolérance et de viser des résultats en terme de management de la vie quotidienne. Un défi difficile à relever pour de nouveaux parents, souvent assez ignorants des sciences du développement de l'enfant. Ce livre se propose de remédier à ce problème.

Notre style de parentalité affecte directement le développement social et psychologique de notre enfant, c'est dire toute l'importance de notre mode de fonctionnement.

« LES AKAS, MEILLEURS PAPAS DU MONDE »

Chez les Akas, tribu de chasseurs nomades vivant dans les forêts situées sur la frontière entre le Congo-Brazzaville et la République centre-africaine, pendant que les femmes partent chasser, les pères

Akas s'occupent des enfants[9]. Ils vont jusqu'à donner leurs tétons à sucer à leur bébé, histoire de tromper la faim en attendant le retour de la maman, d'apaiser une envie de téter ou une douleur dentaire, ou tout simplement d'apporter chaleur et réconfort.
« D'après les données que [l'anthropologue américain Barry Hewlett] a collectées depuis plus de vingt ans, les pères Akas consacrent 47 % de leur temps à leurs enfants, c'est-à-dire plus que les pères de n'importe quel autre groupe culturel de la planète. Raison pour laquelle Fathers Direct[10] *a decidé de donner aux Akas le titre de "meilleurs papas du monde".*
« Ce qu'il y a de fascinant au sujet des Akas, c'est que les rôles homme/femme sont de fait interchangeables. Pendant que les femmes vont à la chasse, →

9. Lire à ce sujet l'article de Joanna Moorhead paru dans *The Guardian* du 15/06/2005 sur les travaux de recherche de l'anthropologue américain Barry Hewlett au sujet des Akas: https://www.theguardian.com/society/2005/jun/15/childrensservices.familyandrelationships. Voir aussi: Hewlett (Barry), *Intimate Fathers - The Nature and Context of Aka Pygmy Paternal Infant Care,* University of Michigan Press, 1991. En français, lire l'article de Léa Drouelle, paru sur le site Terra Femina le 20/10/2017: http://www.terrafemina.com/article/les-akas-cette-tribu-ou-les-hommes-donnent-le-sein-aux-bebes_a336277/1
10. Fondé en 1999, Fathers Direct est un centre d'information national sur la paternité, rattaché au Fatherhood Institute, organisation caritative britannique qui propose notamment de l'aide et des conseils aux pères soucieux de mieux s'impliquer dans l'éducation de leurs enfants. Il s'attache notamment à montrer l'importance pour les enfants des relations père/enfant et mère/enfant.

les hommes s'occupent des enfants ; pendant que les hommes font la cuisine, les femmes décident du lieu où dresser leur prochain campement. Et vice-versa. Et c'est dans ce vice-versa, nous dit Hewlett, que réside le message le plus important : "Chez les Akas, il y a une répartition des tâches selon le sexe. Par exemple, les femmes sont les principales figures d'attachement. Mais, détail primordial, il y a un niveau de flexibilité que l'on ne voit pas dans notre société. Les pères Akas vont assumer les rôles traditionnellement joués par les mères, sans aucune arrière-pensée ni, encore plus important, sans avoir l'impression de déroger à leur statut : aucune des tâches n'est stigmatisée. [...] Pour les Akas, les enfants sont la valeur suprême de la vie. Le fait de considérer un enfant comme une charge serait ici totalement incompréhensible. Les enfants, c'est l'énergie, la force de vie de la communauté." ».

2

La parentalité

Être un bon parent, c'est éclairer le chemin avec le rayonnement de l'enfant.

Devenir parent n'est pas aussi facile qu'il y paraît. C'est une joie immense coexistant avec une angoisse absolue.

Le fait de vivre avec un enfant est une aventure complexe, de laquelle aucune équation, aucune formule n'est venue à bout pour faire en sorte que cette relation se déroule sans accroc. Et au final, c'est très bien ainsi, car nous sommes humains, donc perfectibles, et nous avons tout à gagner à avoir cet enfant à nos côtés et à nous améliorer au quotidien.

Devenir parent, c'est commencer par lutter contre nos propres pulsions d'adulte excédé par le stress imposé par notre mode de vie actuel, lequel nous demande toujours plus en termes de réussite et d'efficacité. Il nous faut donc mener cette lutte tout en restant combatif, d'un côté, pour la vie professionnelle, source d'épanouissement et de revenus, et zen, de l'autre, pour nos enfants. Il n'est pas simple de préserver cet équilibre !

Pour réussir, injectez-vous quotidiennement une dose de philosophie et mettez des lunettes avec une vision de loin : commencez par afficher chez vous de, manière bien visible, les grands axes spirituels de cette parentalité. J'entends par spiritualité votre état d'esprit, votre conception commune de ce que sera le socle de l'éducation, en d'autre termes, le cadre que vous allez dessiner sur la route du développement de l'enfant.

LES GRANDS AXES ÉDUCATIFS DE LA PARENTALITÉ POSITIVE

- Se montrer bienveillant
- Se respecter les uns des autres
- Pratiquer l'écoute active
- Ne pas crier
- Toujours chercher une solution
- Établir un rapport d'égal à égal
- Respecter l'enfant comme s'il était une personne adulte
- Prendre du temps exclusif avec son enfant
- Ne pas faire à la place de l'enfant quelque chose qu'il sait déjà réaliser seul

Nous recherchons tous la fluidité, la manière la plus facile d'être entendus de nos enfants car nous n'aimons pas – et c'est légitime – les accrochages. Et bien souvent, le chemin le plus court pour augmenter cette fluidité peut apparaître sous la forme d'un cri, d'un ordre ou d'une menace. C'est la méthode que nous avons pour la plupart connue lorsque nous étions enfants, la méthode verticale et brutale avec, d'une part, un donneur d'ordre et, d'autre part, un exécutant. La formule « Je suis ton père, tu dois m'écouter ! » n'a aucune valeur pour l'enfant : pourquoi le point de vue de son père primerait-il sur le sien ? Il ne faut pas confondre autorité et autoritarisme. Et la satisfaction immédiate que vous éprouvez en constatant que votre enfant obéit à votre injonction verra le jour au détriment de la qualité de votre relation future.

Ce que je recommande ici, c'est la relation horizontale entre parents et enfant, une relation gagnant/gagnant, qui permet à l'enfant de se sentir considéré et respecté. Mais l'autorité qui s'exerce sans violence ne s'acquiert pas du jour au lendemain, elle se mérite : la « carte de parent » se suffit pas. Au début, il n'est pas simple, en cas de crise, de réfréner son envie de crier sur l'enfant dont le comportement vous exaspère. Cela prend du temps. Mais à force d'établir avec votre enfant des connexions intenses et fréquentes vous allez gagner en force de persuasion et amener plus facilement l'enfant à faire ce que vous souhaitez qu'il fasse, et ce sans abîmer le lien d'attachement qui s'est tissé entre lui et vous. Ce comportement amènera votre enfant à avoir en vous une confiance pleine et entière : il sait qu'il n'a rien à craindre de vous et que le mot « parent » est synonyme de solution et non de punition. C'est lorsque votre enfant atteint l'âge de 5 ans environ que vous voyez vos efforts finalement récompensés.

La personnalité de votre enfant s'épanouit selon la nature et la qualité des multiples échanges qu'il vit avec vous. Plus vous saurez établir le contact avec ses émotions, plus vous lui montrerez la voie pour grandir en autonomie et, grâce à cet amour inconditionnel, il aura un socle de sécurité intérieure fort, indispensable pour aller vers les autres.

TROIS CARACTÉRISTIQUES PRINCIPALES DE L'ENFANT

- L'enfant est un grand explorateur. Il n'a de cesse de bouger et d'aller vers ce qui est susceptible de lui faire découvrir quelque chose de nouveau. Découverte, mouvement, recherche d'autonomie (laquelle est synonyme de pouvoir) sont les moteurs qui l'animent. Raison pour laquelle il faut constamment avoir un œil sur lui car cet état d'esprit sans conscience peut l'amener à se mettre en danger s'il vient à réaliser une action qui n'est pas le champ de compétences de son stade de développement. L'enfant n'intègre pas avant un certain âge le rapport de cause à effet, il vit uniquement dans le présent. C'est à nous, adultes, de le protéger et de le guider sur le chemin des découvertes de manière à ce que son côté explorateur ne lui porte pas préjudice.

- Son cerveau est immature et plastique, il se façonne selon son environnement et son interconnexion avec celui-ci (voir chapitre 4, « Neurosciences et développement de l'enfant », p. 89-95).
- Il ne nous accorde pas une confiance aveugle à chaque fois que nous brandissons notre « carte de parent » pour nous faire respecter. « Écoute-moi, je suis ton père/ta mère », oui, c'est un argument choc puisque, dans la majorité des cas, les parents veulent de tout leur cœur le bonheur de leur enfant. Or l'argument ne fait pas mouche, loin de là !

Prenons l'exemple d'une situation vécue par nombre de parents : votre enfant a passé l'après-midi ou le week-end chez des amis ou des membres de votre famille. Et quand vous venez le chercher :

— Ça s'est bien passé ? demandez-vous.

— Oui, vous répond-t-on, il a été poli, très gentil et il a écouté toutes mes demandes avec beaucoup d'attention.

— Euh… Tu parles bien de mon enfant, là ?

Sacré paradoxe, quand même, que ces enfants qui sont enclins à écouter docilement les autres alors qu'ils refusent de le faire avec leurs parents !

En fait, si votre enfant se montre plus « difficile » avec vous qu'il ne l'est chez les autres, sachez que c'est plutôt bon signe : cela signifie que vous faites correctement votre « métier » de parents ! Ce phénomène s'explique par les liens d'attachement qui se nouent entre l'enfant et ses parents dès la naissance – ou tout autre personne qui prend soin de lui au quotidien (voir encadré ci-dessous).

LA FIGURE D'ATTACHEMENT SELON ISABELLE FILLIOZAT

« L'attachement est la relation établie par un bébé avec la personne qui prend soin de lui. Quand sa figure d'attachement répond à ses demandes, prend soin de lui et se montre attentive à ses tentatives de communication, l'enfant construit un attachement sécure, autrement dit une bonne base de sécurité intérieure. Quand le parent ne répond pas aux demandes de l'enfant, ne prend pas soin de lui, ne prête pas attention à ses émotions, punit, gifle, cela impacte les structures cérébrales altérant les capacités futures de résistance au stress et jusqu'à son ADN. »[11]

11. Voir Filliozat (Isabelle), *« Il me cherche ! »*, Marabout 2016, p. 193, 1re éd. Jean-Claude Lattès, 2014.

L'enfant a plusieurs figures d'attachement : les parents, en général, mais également l'assistant(e) maternel(le) qui relaie les parents quand ceux-ci reprennent le travail, les grands-parents, le parrain, la marraine, des membres de la famille, des amis, etc. Quand ses parents ne sont pas là, la personne qui s'occupe de lui à ce moment-là devient sa figure de référence. Mais parmi toutes ces personnes proches, l'une est sa figure d'attachement principale. Le plus souvent, c'est la mère. C'est vers elle qu'il se tourne spontanément lorsqu'il a besoin de faire le plein d'amour (voir encadré p. 59-60), c'est parfois à elle et à elle seule qu'il va réclamer un dernier câlin le soir avant de sombrer dans le sommeil.

Pour revenir à la situation où vous venez rechercher votre enfant, c'est aussi avec sa figure d'attachement principale qu'il va avoir un comportement excessif en cas de crise émotionnelle. En effet, l'enfant, lorsqu'il est avec vous, sent la force de votre amour inconditionnel. Si à un moment donné, sous l'effet de la fatigue, son cerveau relâche le stress accumulé et le fait réagir de manière excessive, il sait qu'avec vous il est en sécurité. Chez les autres, qu'il s'agisse de membres de la famille ou d'amis, c'est différent : il sait bien qu'elles l'aiment, toutes ces personnes, chez qui vous le déposez le temps d'une après-midi, d'un week-end ou de vacances, et lui aussi les aime. Mais il n'est pas autant en sécurité qu'avec vous, il ne peut pas avoir la certitude absolue que toutes ces personnes, si bienveillantes soient-elles, vont lui pardonner une éventuelle bêtise. Après tout, il ne vit pas avec elles au quotidien. « Et si Grand-Père me mettait à la porte ? » Cette question peut paraître extrême, mais elle résume bien l'inquiétude qui peut s'infiltrer dans l'esprit de nos chers petits à l'imagination débordante. L'enfant a donc tout intérêt à avoir avec les proches qui l'accueillent un comportement irréprochable, parce que, a priori, si vous confiez votre enfant à ces personnes de votre entourage, c'est qu'elles sont heureuses de le voir et réciproquement. Le séjour devrait se passer pour le mieux puisque tout le monde y trouve son compte. L'enfant ne va donc pas chercher à déséquilibrer cette harmonie tacite. Par conséquent, il se tient bien, il se soumet, il dépense beaucoup d'énergie adaptative, et de fait, il accumule du stress ! En retour, il reçoit de l'amour, et pourquoi pas aussi un petit cadeau, ou des bonbons, alors que Papa et Maman sont toujours réticents à lui en accorder. Et quand vous venez le chercher, il est épuisé d'avoir assumé ce rôle de l'enfant modèle, alors son cerveau lâche : l'intensité de la crise envers le parent figure d'attachement est proportionnelle à la tension et donc à la fatigue accumulée. Il n'est pas rare, à peine se retrouve-t-il seul avec vous, que les cris et les pleurs arrivent. Ne culpabilisez pas ! Ne vous laissez surtout pas démoraliser par la petite phrase un peu mesquine de l'amie, fière d'elle, qui vous dit « Tu me dis qu'il est difficile, mais avec moi ça se passe très bien ! ».

Une fois dissipée la magie de la naissance, vous allez vous retrouver bien souvent dans des situations auxquelles vous ne vous attendiez pas et qui vont mettre vos nerfs et votre couple à rude épreuve. Pour temporiser les effets de cette nouvelle vie, l'anticipation est de mise, et elle passe par la connaissance. À ce stade, votre vie a pris un virage et cela nécessite que vous progressiez, que vous appreniez et compreniez. Il vous faut faire preuve d'empathie et de bienveillance afin de vous inscrire dans une parentalité positive et engagée : car les confrontations et les frictions affluent d'autant plus que la curiosité et la mobilité de votre enfant augmentent et le poussent à l'exploration.

Comment faire sans chantage, sans menace, sans punition ? L'une des clés, c'est l'écoute. Ce n'est pas ma qualité première mais, comme vous le verrez, la parentalité est aussi l'occasion d'identifier ses faiblesses d'adulte pour en faire de nouvelles forces. L'écoute active vous permettra de calmer les choses avec votre enfant mais aussi avec votre conjointe (voir chapitre 5, « La communication », p. 97-119).

Il est nécessaire pour vous d'acquérir des connaissances sur le fonctionnement du cerveau des enfants et de vous laisser aller à fond dans l'amour inconditionnel. De temps à autre, privilégiez une approche un peu plus technique pour calmer les tempêtes émotionnelles grâce à des astuces concrètes[12]. Cela

12. Voir les différentes astuces pratiques proposées p. 99-106, 138-140, 146-147, 153-159, 166-168, 177-183.

vous évitera d'entrer dans un cercle infernal où votre héritage le plus précieux – le lien d'attachement avec votre enfant –, sera progressivement abîmé.

Fort des connaissances que j'ai acquises et que je vous transmets à présent, je ne vous promets pas une vie familiale harmonieuse à 100 %. Je suis moi-même loin d'être le meilleur des pères, bien que j'y travaille tous les jours. Mais vous apprendrez ici à apaiser rapidement les tempêtes émotionnelles de votre enfant grâce à des outils modernes et efficaces. La perfection n'est pas de ce monde et, sous l'effet du stress, votre instinct peut vous pousser à faire complètement l'inverse de ce que vous souhaitez. Votre remise en question doit être quotidienne, l'objectif n'est pas d'être parfait, mais de viser haut et de tâcher d'y rester. Si vous perdez pied et que vous agissez d'une manière inappropriée, pardonnez-vous, et surtout demandez pardon à votre enfant. C'est ainsi qu'il apprendra à se pardonner et à pardonner aux autres plus tard : il comprend que le fond de notre démarche était bienveillante malgré notre mauvaise réaction.

Je vous le répète, ne cherchez pas à atteindre des résultats, vous seriez déçus. Sachez plutôt vous remettre en question et soyez créatif, inventez des solutions ! « Que dois-je changer chez moi pour arriver à lui faire comprendre cette progression capitale pour son avenir ? » ou « Comment dois je m'exprimer pour que mon message passe mieux ? » Par la gestuelle, par la métaphore, par le mime, par le jeu ?

Par exemple, face au refus de l'enfant d'aller se coucher, au lieu de répéter encore la même phrase, soyez plus engageant: «Tu as le ticket pour l'avion Super-Papa? OK! Alors tu peux monter, décollage dans une minute!». Et vous l'amenez dans sa chambre en faisant l'avion. Vous lancez le rituel «À table!» et n'obtenez pour toute réponse qu'un silence indifférent? Essayez plutôt: «Viens voir ce que je t'ai préparé!», et vous disposez la nourriture dans son assiette de façon à faire un dessin: les carottes râpées formant un rond pour le visage du bonhomme, deux olives pour les yeux, une feuille de basilic pour le nez, une demi-rondelle de concombre pour la bouche (souriante, bien sûr!) et le tour est joué! Poussé par la curiosité, votre enfant va venir dans la cuisine. Sa joie en découvrant le bonhomme Carotte fait plaisir à voir, le repas commence sur une note joyeuse, et tout le monde y gagne. Et la créativité n'a pas de limites: à chaque situation de blocage vous pouvez trouver une solution, à condition d'en avoir envie, de vous montrer patient et d'avoir un peu d'imagination. Ce n'est pas évident après une dure journée de travail! Mais l'effort en vaut la peine.

Si vous vous fixez des objectifs à atteindre, ne mettez pas la barre trop haut car votre estime de jeune parent peut en prendre un sacré coup (voir encadré page suivante).

UNE ERREUR À ÉVITER : METTRE LA BARRE TROP HAUT

L'objectif est souvent valable, mais ne vous mettez pas la pression et ne la mettez pas sur l'enfant. Vous risqueriez de vous en vouloir si cela ne fonctionne pas alors que vous avez donné l'exemple et fait preuve de pédagogie. Et vous risquez de décourager l'enfant, de faire baisser son estime de soi.

- « Il faudrait qu'il sache marcher, il a 14 mois quand même ! »
- « Il doit absolument m'obéir, tout de suite ! »
- « Elle ne s'habille toujours pas toute seule, à 4 ans ! »
- « Elle doit absolument manger sans faire de bruit ! ».
- « Il a 7 ans et il ne sait pas encore faire de vélo... »
- « Il va à la piscine avec l'école, le maître-nageur l'a mis dans le groupe des enfants qui ne savent pas nager... »

Ainsi, malgré nos démonstrations, notre fille, alors âgée de 4 ans, continuait, à table, à manger la bouche ouverte. Comme je le lui faisais remarquer, elle m'a dit très simplement : « Papa, je n'y arrive pas encore. » Je n'imaginais pas qu'il fallait atteindre un certain stade de maturité pour parvenir à faire quelque chose qui me semblait aussi évident ! La réponse de ma fille m'a éclairé : c'était trop difficile pour elle à ce moment-là. À partir de là, nous avons cessé de lui demander chaque jour de faire quelque chose qui dépassait ses capacités, et le repas n'en a été que plus agréable pour elle comme pour nous. Et cette réponse qu'elle a donnée, c'est nous qui la lui avons inculquée. Nous avons pu ainsi constater les bienfaits de notre modèle éducatif: notre fille ne savait peut-être pas manger la bouche fermée, mais elle savait nous dire, sans craindre de se le voir reprocher, qu'elle n'y arrivait pas. Belle marque de confiance en elle et en nous! Et cette preuve de maturité n'était-elle pas plus importante que l'acquisition d'une compétence que de toute façon elle allait bien finir par avoir à un moment donné? Retenons que certaines batailles sont, à un instant T perdues d'avance et que, pour d'autres, les choses vont se dénouer toutes seules.

Il nous faut accepter que l'éducation ne soit pas une science exacte et que tous nos désirs de parents qui voulons le meilleur pour notre enfant ne puissent pas être totalement satisfaits. Parfois, il faut aussi savoir lâcher prise malgré notre désir profond que l'enfant réussisse: ce qui compte, c'est qu'il soit heureux, épanoui et rempli de sécurité affective intérieure. Son moteur pour la vie, c'est la sécurité, laquelle va lui apporter la confiance en soi. Et avoir confiance en soi, ce n'est pas écraser ou accuser les autres, c'est être en capacité intellectuelle d'accepter un échec, de se remettre en question pour réussir la prochaine tentative. Le vrai bonheur de la vie est en soi, voilà ce qu'il faut apprendre à votre enfant. Si l'on est bien avec soi-même, on s'inscrit dans le partage, dans la transmission avec les autres, et cette bulle de bonheur ne fera que grandir.

Chaque enfant grandit et développe ses compétences de manière singulière. Si vous vous dites que vous tenez absolument à ce que votre enfant ait certaines compétences précises et en nombre, vous allez être déçu. Très tôt, il a sa personnalité et ira, selon les périodes, vers ce qui l'inspire. Certains enfants savent marcher avant l'âge d'un an, d'autres prendront plus de temps pour cela ; en revanche, ces derniers ont une palette de mots plus étendue car ils misent en priorité sur le langage pour appréhender le monde. Au début, vous êtes un guide, puis, par la suite, vous serez un accompagnant qui reste à côté de l'enfant sur le chemin qui est le sien.

Certes, le cocktail pour que la situation soit tendue est bien là : horaires à respecter (crèche, nounou, travail), mission professionnelle à accomplir (parfois exténuante), harmonie de la vie de couple. La probabilité pour que tout cela explose est énorme : en France, 25 % des couples se séparent dans la première année suivant l'arrivée du bébé. *« La femme, devenant mère, et l'homme, qui se révèle père, mûrissent. Chacun à leur rythme. L'évolution n'est pas toujours parallèle, et cela peut créer des problèmes. »*[13]. Ce n'est pas un manque d'amour brutal entre les deux parents. Mais bien souvent, c'est l'inconnu dans lequel ce petit être vous a soudainement projetés qui génère de la peur et du stress, vous poussant alors à chercher

---

13. Geberowicz (Bernard), *Le baby-clash - Le couple à l'épreuve de l'enfant,* Albin Michel, 2005.

à revenir dans votre zone de sécurité et de confort. Toutefois, il y a tout autant de chances, voire plus, pour que les choses se passent bien. Et c'est par votre comportement que vous pourrez contrebalancer les facteurs de déséquilibre : *« L'arrivée du premier enfant révèle parfois des différences trop profondes à combler, mais dans la plupart des cas, elle permet [...] de vérifier la solidarité, les connivences, les valeurs et affinités d'un couple. Et même de renforcer l'amour en insufflant de la vie, de la vitalité. »*[14]

Je vous propose de garder en tête, avant d'agir, l'idée que la situation dans laquelle vous vous trouvez à l'instant T avec votre enfant est binaire :

– allez-vous remplir votre réservoir de souvenirs ou votre réservoir de regrets (voir encadré page suivante) ?

– allez-vous vers l'enfant pour lui ou pour vous ?

– avez-vous ou non une solution concrète à lui proposer ?

14. *Ibid.*

LE RÉSERVOIR DES SOUVENIRS ET LE RÉSERVOIR DES REGRETS

Tout comme Isabelle Filliozat parle du réservoir d'amour (voir encadré p. 59-60), on peut imaginer chez les parents deux réservoirs, l'un qui se remplit de bons souvenirs, l'autre de regrets. Parfois, ma fille m'appelle dix fois d'affilée et cela m'irrite. Il est certain qu'elle exagère à me solliciter ainsi, d'une manière que je juge intempestive, et je me sens harcelé car je suis sans cesse interrompu dans ce que je suis en train de faire. Réfléchissant rapidement, je me dis que c'est dans le réservoir des souvenirs, non dans celui des regrets, que je veux inscrire ce moment-là. Or, si je ne vais pas voir ma fille, c'est celui des regrets qui va se remplir. Alors, je râle dans mon coin pour évacuer mon énervement et faire en sorte qu'elle ne l'entende pas, et j'y vais. Je ne vis pas l'appel de ma fille comme la manifestation d'un comportement tyrannique. À mon sens, la parentalité a cet effet particulier que chaque jour, chaque moment, est absolument unique avec un enfant et le temps passe à une vitesse folle. C'est pourquoi le réservoir des souvenirs et des regrets fonctionne comme un garde-fou qui nous permet dans ce genre de situation, d'apporter, malgré notre harassement, la réponse à notre enfant.

Le premier outil, c'est la communication dans votre couple, c'est votre façon d'aborder les problèmes et d'en parler avec votre conjointe. Il s'agit là de vous projeter dans le rôle de parents, d'évoquer ensemble comment vous concevez ce rôle : comment pensez-vous réagir quand l'enfant fait une bêtise ? Et comment votre conjointe pense-t-elle réagir ? Êtes-vous à cheval sur les horaires du coucher ? Votre conjointe l'est-elle ? Pour que votre parentalité naissante prenne un bon départ, il est primordial de communiquer au sein de votre couple sur ces thématiques de l'éducation. Il faut aborder ensemble la question de la posture car être des parents bienveillants est avant tout une question de posture, d'état d'esprit. Les problématiques de la parentalité vont soudainement vous sauter au visage et, si vous vous êtes engagés en amont, par exemple à ne jamais crier, votre conjoint sera là pour vous le rappeler. Personnellement, j'avais noté sur un post-it collé sur le frigo que je m'engageais à ne plus crier : mon engagement étant écrit et placé en vue, était ainsi officialisé, et j'avais plus de facilité à le respecter qu'une simple parole donnée un jour oralement.

Il est vrai que nous, les hommes, ne sommes pas les plus aptes à exprimer nos émotions. Nous devons donc commencer par briser ce faux paravent qui ne peut que nous isoler. Dans la majeure partie des cas, la maman, en portant le bébé dans son ventre, a depuis le début établi cette relation parent/enfant, de manière fusionnelle lors de la grossesse et après la naissance. Elle s'est mieux préparée que nous intellectuellement. Nous, même si nous avons suivi des cours de préparation à l'accouchement ou fait des séances d'haptonomie, nous devenons pères de manière brutale, nous ne vivons pas cette transformation à l'intérieur de notre corps : un jour nous sommes un couple, le lendemain, nous sommes trois.

Le taux de testostérone des pères baisse fortement après la naissance (il est divisé par deux), et plus encore chez les pères impliqués. De l'autre côté du lit, la mère connaît également une baisse de sa libido, sans compter qu'elle ne peut avoir de rapport sexuel par pénétration avant trois à six semaines, durée nécessaire pour la cicatrisation en cas d'épisiotomie ou de césarienne. Il semble que la Nature fasse tout pour que la jeune mère ne retombe pas enceinte immédiatement ! Alors, certes, l'homme et la femme sont a priori d'accord pour ne pas avoir de rapports sexuels dans les semaines qui suivent l'arrivée de bébé. Mais ces éléments ne favorisent pas le rapprochement et encore moins la célébration sous la couette de l'heureux événement ! Tout cela n'est pas fait pour favoriser l'harmonie du couple.

Deuxième outil, la répétition… et la patience infinie que cela exige. En effet, l'une des premières difficultés que nous rencontrons en tant que parents, c'est de devoir répéter sans cesse les mêmes choses et faire preuve d'une extrême rigueur : sans répétition, pas de résultats ! Au fil des années, vous allez répéter mille fois une chose pour enfin, un jour, obtenir l'adhésion de l'enfant. Un dictaphone avec les trois phrases principales que vous répétez à longueur de journée peut d'ailleurs devenir votre meilleur ami !

Et le plus difficile, c'est la répétition des bonnes pratiques : par exemple, parvenir systématiquement à dire sans crier « Arrête de crier ! » Le célèbre « Fais ce que je dis, mais pas ce que je fais ! » ne fonctionne absolument pas avec les enfants : ils ne sont pas dupes et vont toujours vous répondre : « Oui, mais toi tu le fais bien ! ». Le message est clair : « Montre-moi la voie ! ». Être exigeant lorsqu'il s'agit de répéter, c'est le premier vecteur de l'éducation : notre comportement exemplaire d'adulte référent sert de moule à l'enfant qui reproduit ce qu'il a vu et entendu.

Votre première mission, c'est donc de commencer par vous sentir bien en tant qu'homme (ou en tant que femme), puis dans votre couple, ensuite en tant que parent, pour ensuite pouvoir vous occuper pleinement de vos enfants.

Or, la venue de l'enfant peut faire ressurgir les blessures de votre passé, ces plaies non soignées que vous croyiez guéries et qui remontent à la surface, vous submergeant, vous donnant l'impression que la montagne est trop haute. Commencez par faire la paix avec votre passé[15] et par vous dire que vos parents ont fait de leur mieux avec les contraintes leur époque. Sinon, vous risquez de vous mettre en retrait, voire d'abdiquer et envisager de vous séparer de votre conjointe, car l'arrivée d'un enfant peut agir comme un révélateur de ce que vous êtes fondamentalement, du pire comme du meilleur. Il

---

15. Voir Saint-Sernin (de) (Noémie), *Les clés du passé,* Eyrolles, 2017.

révèle les failles du couple, pouvant aller jusqu'à les transformer en fossés. Par exemple, piqué au vif par les refus que vous essuyez face à votre enfant dont le comportement réactive vos blessures anciennes, vous allez peut-être réagir instinctivement, sous l'emprise de la colère, parfois même sans vous en apercevoir car la colère peut mettre un voile devant vos yeux. Et il peut arriver que, sans vous en rendre compte, vous fassiez précisément ce que vous reprochez à votre conjoint, à votre enfant.

« S'attacher à vouloir le bonheur de son enfant, c'est d'abord se consacrer à trouver le sien. »

Les couples qui se focalisent sur leur bébé peuvent connaître ce que l'on nomme le *baby-clash*: sommeil entrecoupé, attention permanente portée au bébé, absence de réponses à leurs interrogations de jeunes parents (coliques, pleurs, cris…). S'ajoute à cela une vie sexuelle en berne, et les ingrédients sont réunis pour amener tout ce beau petit monde vers l'explosion.

La parentalité est un chemin semé de paradoxes, un enchaînement de processus insidieux, qui, si on les néglige, peuvent mener un couple à la séparation. Mais la parentalité bienveillante permet de construire avec vos enfants une relation si forte et si belle qu'ils ne peuvent que vous faire aimer encore plus la vie, et là vous direz: « Merci, les enfants ! »

LA PHILOSOPHIE DE LA PARENTALITÉ POSITIVE

La philosophie de la parentalité positive repose sur plusieurs principes : renoncer à l'autoritarisme, exclure la violence quelle qu'elle soit, respecter les rythmes du développement de l'enfant.

Renoncer à l'autoritarisme

L'approche autoritaire et verticale consiste à placer le parent au-dessus de l'enfant, en position de supériorité, parce qu'il détient la connaissance, alors que l'enfant, lui, ne sait pas. Cette approche encourage les comporterments qu'elle réprouve : si vous criez sur votre enfant pour lui dire de faire quelque chose, il criera à son tour pour exprimer sa demande ; si vous le giflez car il touche à un objet interdit, il fera de même avec un copain qui lui prend un jouet sans le lui demander... Ce schéma vertical peut venir de ce que l'on appelle « l'adultomorphisme », terme désignant la tendance des adultes à interpréter les comportements de l'enfant comme s'il s'agissait d'un adulte en miniature. Nous le trouvons provocateur, capricieux, comédien, calculateur alors que, par nature, il n'a pas encore les « aptitudes » pour se comporter ainsi. Or, cet adultomorphisme peut déclencher nos mauvais comportements. Si au contraire, vous considérez votre enfant en fonction des capacités de développement de sa tranche d'âge, vous ne tomberez pas dans ce piège qui consiste à le voir comme un adulte et à le croire manipulateur.

→

Exclure toute forme de violence
La violence, si minime soit-elle, est à proscrire[16] (voir encadré p. 61-63). Il est urgent de mettre en place des outils pour remplacer cette pratique d'un autre âge. La parentalité positive associe l'amour sans conditions et les astuces « techniques » comme celles que je vous propose dans ce livre[17].

Respecter le rythme du développement de l'enfant
Respectez les stades de développement de l'enfant en vous y adaptant, en cherchant à apporter une solution qui s'inscrive dans l'amour inconditionnel et dans un rapport horizontal dans lequel tout le monde se sent gagnant.

16. Aujourd'hui en France, 85 % des enfants sont victimes de violence éducative ordinaire (VÉO). Lire l'étude menée par l'Observatoire de la violence éducative ordinaire (Ovéo), « Histoire de la violence éducative » sur https://www.oveo.org/histoire-de-la-violence-educative/Histoire de la violence éducative.
17. Voir les différentes astuces pratiques proposées p. 99-106, 138-140, 146-147, 153-159, 166-168, 177-183.

« POURQUOI UN OBSERVATOIRE DE LA VIOLENCE ORDINAIRE ? »[18]

« Aujourd'hui, nous voudrions seulement souligner de façon encore plus explicite le fait que la violence éducative ne se limite pas aux violences physiques. Notre relation avec les enfants est souvent telle que nous trouvons normal de les traiter, verbalement et psychologiquement, comme nous ne traiterions pas les adultes et les personnes âgées et, plus précisément encore, comme nous supporterions très mal d'être traités nous-mêmes, surtout par quelqu'un de proche et qui dit nous aimer.

« Comment supporterions-nous (ou supportons-nous !), par exemple, que notre conjoint ou conjointe nous menace de nous punir, nous sermonne, nous fasse la morale, nous critique, nous injurie, se moque de nous, nous compare à d'autres de façon désobligeante, etc. ? Or, qui n'a connu cela dans son enfance ? Et qui ne l'a fait plus ou moins subir à ses enfants ?

« C'est parce que nous avons presque tous subi ces traitements que nous trouvons normal de les infliger aux enfants.

« [...] Ce qui est nécessaire, c'est un changement de regard sur les enfants, changement qui ne peut

→

18. Ce texte est extrait de l'éditorial d'Olivier Maurel, cofondateur de l'Ovéo (voir note 16 p. 60), publié en 2005 (révisé en 2008) : https://www.oveo.org/pourquoi-un-observatoire-de-la-violence-educative-ordinaire-2/

probablement s'effectuer qu'à condition de changer notre propre regard sur l'enfant que nous avons été. C'est le plus souvent parce que nous avons fait nôtre le mépris subi dans notre enfance que nous ne voyons plus ce qu'il y a d'anormal dans tous ces comportements à l'égard des enfants.

« L'Observatoire de la violence éducative ordinaire est à la fois une association et un site créés dans le but d'informer le plus largement possible l'opinion publique et les responsables politiques sur la pratique de la violence éducative ordinaire, c'est-à-dire les diverses formes de violence utilisées quotidiennement pour éduquer les enfants dans les familles et les institutions (écoles, assistantes maternelles...).

« En effet, on trouve presque partout normal de frapper les enfants pour les faire obéir, alors que cette méthode d'éducation expose les enfants, les adultes qu'ils deviennent et la société dans son ensemble à de graves dangers.

« Les enfants sont d'ailleurs aujourd'hui, dans presque tous les pays, la seule catégorie d'êtres humains qu'il soit permis de frapper légalement, alors qu'ils sont aussi les êtres humains les plus fragiles, les plus vulnérables, et ceux sur qui la violence a les conséquences les plus graves. Alors que, dans les sociétés anciennes, on avait le droit légal de battre les esclaves, les domestiques, les soldats et les marins, les prisonniers, les femmes, aujourd'hui, dans presque tous les pays, seuls les enfants peuvent encore légalement être frappés.

> *« Cette anomalie ne nous apparaît pas comme telle parce que nous avons presque tous subi à des degrés divers la violence éducative, et que nous avons acquis sous les coups, depuis notre petite enfance, la conviction qu'elle est le privilège normal des parents. Mais il n'est plus possible aujourd'hui d'accepter une telle pratique. Depuis une cinquantaine d'années, un grand nombre d'études, en particulier sur l'effet des châtiments corporels, ont montré de façon indubitable que la violence éducative a des conséquences graves sur le développement des individus et des sociétés. Elle est en effet la cause de nombreuses manifestations de violence contre soi-même et contre autrui, aussi bien sur le plan individuel que sur le plan collectif. Et les études des neurobiologistes sur le développement et le fonctionnement du cerveau confirment chaque jour davantage la gravité de ces dangers. […] »*

Commencez par prendre le temps d'observer votre enfant sans aucun jugement : découvrez-le et constatez. Il vous sera plus facile ensuite, connaissant mieux son mode de fonctionnement, d'apporter la réponse appropriée. Votre cerveau d'adulte vous permet de ruser, c'est donc à vous de trouver des artifices[19] pour éviter ou limiter les comportements excessifs de notre enfant.

19. Voir les différentes astuces pratiques proposées p. 99-106, 138-140, 146-147, 153-159, 166-168, 177-183.

Entre l'autoritarisme et le laxisme se situe la parentalité positive, dont le but est de créer un rapport équilibré. Certes, elle requiert plus d'énergie que les schémas éducatifs du passé mais elle vous apportera en retour une qualité relationnelle parent/enfant exceptionnelle. Il s'agit d'associer bienveillance et fermeté. Je suis bienveillant quand je m'approche de mon enfant en me mettant à son niveau, quand je me connecte à son émotion, quand je l'écoute, quand je lui propose une solution tout en lui parlant doucement. Et je suis ferme parce que je ne reviens pas sur ma décision et je lui dis sans crier : « J'entends ta colère, elle est légitime, mais ce que tu me demandes, je ne vais pas le faire. Dis-moi ce que toi, tu proposes… ».

L'objectif est de garantir au maximum une sérénité quotidienne dans votre nouvelle bulle de vie, dont l'équilibre sera toujours fragile. Il faut donc veiller en permanence à apporter le petit plus qui manquait : notamment, remettre à niveau le « réservoir affectif » (voir encadré p. 59-60) de l'enfant car si vous ne l'avez pas rempli depuis longtemps, votre enfant va se charger de vous le rappeler par un autre moyen que les mots, par un mode d'expression qui lui est propre (colère, refus, cris, objection, isolement, questions en rafale).

LE RÉSERVOIR D'AMOUR, SELON ISABELLE FILLIOZAT[20]

« Les enfants [...] ont besoin de preuves d'amour pour se sentir en sécurité et s'épanouir. Isabelle Filliozat évoque [un] réservoir d'amour [...]. Elle nous explique comment le maintenir au niveau nécessaire pour que l'enfant soit heureux. [...] Nous pouvons remplir ce réservoir d'amour selon deux méthodes : verbale et non-verbale. Mais [...] nous devons accorder toute notre attention, surtout lorsque notre enfant s'interroge sur le fait que nous l'aimions ou si son comportement révèle ses doutes [...].

« Répondre au doute de votre enfant

- *Commençons par le regarder avec bienveillance.*
- *Rassurons-le sur le fait que la question « Tu m'aimes maman/papa ? » est très importante et qu'il est normal de se la poser (ne nions surtout pas son ressenti car il ne se confiera plus dans le futur mais ses doutes « fermenteront »).*
- *Asseyons-nous à côté de lui, prenons-le sur nous, mettons-nous à son niveau.*
- *Accrochons son regard.*
- *Disons-lui que nous l'écoutons : « Je t'écoute... Tu as toute mon attention... ».*

→

20. Ce texte publié par Jeff sur le site http://papapositive.fr/lamour-est-le-carburant-de-lenfant-voici-comment-remplir-son-reservoir-3/ s'inspire des propos d'Isabelle Filliozat dans son livre *J'ai tout essayé* (Marabout 2013, Lattès, 2015),

- *Aidons-le à exprimer son ressenti : « Que ressens-tu ? D'où viennent tes doutes ? À quel moment sont-ils apparus ? »*
- *Disons-lui que nous l'aimons et que nous sommes heureux(se) de l'avoir, que nous l'aimerons, quoi qu'il fasse.*
- *Serrons-le contre nous et embrassons-le.*

« Comprendre d'où le doute peut naître

Bien des événements peuvent provoquer ce doute chez l'enfant :
– l'arrivée d'un frère ou d'une sœur ;
– l'adversité, l'échec, la séparation, une dispute ;
– les expressions qui remettraient en question l'aspect inconditionnel de l'amour ;
– un stress ou un mal-être chez les parents.

« Établir un cadre aimant

Les preuves d'amour verbales

Les expressions suivantes sont des preuves d'amour pour l'enfant. Elles sont à prononcer en accordant toute son attention à l'enfant (et sans les banaliser par profusion).

- *Je t'aime.*
- *J'aime te regarder grandir, jouer, dessiner…*
- *J'aime vivre avec toi.*
- *Je suis heureux(se) de t'avoir pour fils/fille.*
- *Je t'aime parce que tu es toi.*

Les preuves d'amour non-verbales

La preuve d'amour non-verbale la plus efficace est le temps exclusif que vous accorderez à votre enfant. Isabelle Filliozat [invite à] ne consacrer ne serait-ce que dix minutes par jour de pleine disponibilité à votre enfant pour le nourrir d'affection et de tendresse.

- *Partagez du temps avec lui: jouez avec lui, intéressez-vous à ce qu'il aime, questionnez-le [...].*
- *Multipliez les contacts: comme le précise Isabelle Filliozat,* "Quand les besoins de contact de l'enfant ne sont pas suffisamment remplis, ses circuits cérébraux sont en manque. Crises de rage, de pleurs pour un rien, comportements excessifs sont autant de manifestations de détresse du système nerveux. Échanger des "Je t'aime", faire un câlin ou jouer ensemble charge l'organisme en ocytocine, l'hormone du bonheur." »

La parentalité positive n'est pas une solution miracle. Vous n'allez pas réussir du premier coup, mais ce sera quand même constructif car une erreur, on le sait, est une formidable opportunité de s'améliorer. Vous pourrez même, à l'occasion d'un raté, vous prendre en exemple pour expliquer à votre enfant que l'on n'apprend rien en une seule fois et que l'échec est la marche nécessaire vers la réussite. S'il vous voit commettre des erreurs et que vous lui présentez vos excuses, il acceptera plus facilement ses propres erreurs et s'excusera à son tour. Par exemple, vous mettez en doute sa parole («Tu ne t'es pas lavé les dents!») et vous vous apercevez ensuite que vous aviez tort («Mais si, c'est vrai, je me suis lavé les dents! Regarde!», et il vous souffle au visage son haleine au dentifrice) ; en ce cas, reconnaissez que vous vous êtes trompé.

Se remettre en question est en effet primordial pour l'avenir. La solution de facilité serait, lorsqu'on commet une erreur, de rejeter la faute sur une personne en particulier ou sur la société en général, voire sur l'injustice de la vie.

La parentalité positive vous invite à ajuster en permanence vos attentes en fonction du stade de développement de l'enfant, à lui offrir un environnement adapté à ses apprentissages, à vous remettre en question et à apporter des réponses adéquates qui facilitent la vie de tout de monde et comblent les besoins de chacun. C'est un équilibre fragile entre cris de colère et cris de joie, entre la cortisol (hormone du stress) et l'ocytocine (hormone de l'amour). Cet équilibre est à surveiller et à réajuster en permanence.

L'objectif de la parentalité moderne est de limiter les effets néfastes de nos mauvais comportements sur le développement du cerveau de nos enfants. Cette recherche du calme et de l'harmonie est la première préoccupation du parent qui découvre qu'un enfant apporte certes beaucoup de bonheur, mais aussi de nombreuses responsabilités, du bruit et une bonne dose de stress.

De plus, ce phénomène est accentué par le fait que nous sommes, d'une manière générale, plus enclins à montrer notre visage le plus laid (grosse colère) avec des personnes de notre famille.

Si votre enfant vous rend la vie difficile ce n'est pas pour vous embêter c'est pour vous alerter sur un mal-être. Tel est son mode de communication.

Au début, en tant que parents, vous allez dire non très souvent à votre enfant. Puis, l'enfant va s'emparer de ce « Non ! » et va vous le sortir à tout bout de champ. De votre côté, efforcez-vous de ne plus employer le mot non, préférez-lui le mot stop : « Stop ! » est plus efficace parce que le message est plus clair pour l'enfant, il s'agit d'arrêter l'action qu'il a entreprise, alors que « Non ! », souvent prononcé sur un ton de réprimande, sous-entend qu'on lui reproche de réaliser cette action, ce qui peut être source de stress et de blocage.

La période du *terrible two* (entre 18 et 24 mois) peut vous amener à ne pas reconnaître votre enfant tant sa colère est violente (hurlements, refus…) et là, les choses se compliquent. Par la suite, entre 2 et 3 ans, les rythmes du sommeil sont très perturbés : ne forcez pas votre enfant à dormir durant cette période, il ne le pourra pas tout simplement. En revanche, vous pouvez créer les conditions requises et patienter… Pas d'inquiétude, ce sont des contraintes certes mais tout est une question de période… Vers l'âge de 3 ans, dans le cerveau de l'enfant se produit un élagage synaptique : les connexions les plus fréquentes se renforcent et les moins utilisés se défont. À cet âge, l'imaginaire et le réel se confondent (voir chapitre 4, « Neurosciences et développement de l'enfant », p. 89-96).

En tant que jeune papa, plus tôt et plus fortement vous allez vous connecter à cette nouvelle vie (votre conjointe et votre enfant, les rythmes et les environnements), plus vous obtiendrez de résultats positifs dans la réussite de votre vie de famille.

La parentalité moderne, ludique et positive consiste à montrer plutôt que brimer, à proposer des solutions plutôt que punir. Cette approche nécessite une capacité de remise en question et un esprit créatif pour trouver des solutions tout en étant parfois un peu technique. Par exemple, ouvrez simplement vos bras à votre enfant en pleine tempête émotionnelle puis tenez-le contre vous pour susciter chez lui la production et la diffusion d'ocytocine, hormone qui va l'apaiser.

L'exemple est le premier vecteur éducatif. Essayez donc de commencer par arriver à dire : « Ne crie pas ! » sans crier vous-même. Si vous criez en prononçant ces mots, votre enfant vous trouvera toujours des torts :

– Ne crie pas, bon sang !

– Oui, mais toi tu cries, papa !

– Oui, mais moi, je crie parce que toi tu as commencé à crier !

– Oui, mais tu cries, papa !

– Je t'explique que je crie parce que c'est toi as crié en premier !

– Oui, mais tu cries, papa !

Et vous n'en sortez pas…

Vous voulez que votre enfant pardonne, soit respectueux, bienveillant et qu'il ait d'autres qualités encore ? Alors soyez ce que vous exigez qu'il soit et trouvez des solutions qui lui permettent d'avoir le sentiment de gagner quelque chose quelque part.

> **Le parent n'est pas un bon chef mais un bon guide.**

Poser des repères dans la bienveillance, c'est expliquer à l'enfant le cadre éducatif et, au sein de celui-ci, le cadre non-négociable.

Quand la situation critique se présente, écoutez activement votre enfant, accordez-lui le droit à un avis différent, dites-lui que cela ne change en rien votre amour pour lui et répondez-lui par la négative dans la fermeté (« Ce que tu me demandes sort du cadre, je ne le ferai pas »), le respect (parlez doucement) et, au lieu de le rabaisser (« C'est comme ça et c'est pas autrement ! »), proposez-lui une sortie honorable en le faisant participer, en lui proposant un choix, en lui demandant s'il a une autre idée.

L'enfant est un miroir de vous-même, de ce qu'il y a de meilleur et de pire dans votre personne, ce qui est normal car vous êtes son premier modèle. En vous révélant, il vous oblige à trouver des solutions, il vous pousse vers ce moi intérieur que vous devez sans cesse améliorer, vers cette zone de changement, et par là même, il peut vous réparer. L'enfant est aussi important pour vous que vous pouvez l'être pour lui.

Inscrivez-vous dans la parentalité positive cela vous permettra d'exercer sur lui ce que j'appelle une «influence facile», qui s'avérera bénéfique pour les étapes suivantes de son développement (6-12 ans): vous serez plus facilement écouté si dans cette période de construction qui va jusqu'aux 5 ans de votre enfant, vous avez été un papa formidable. Ces cinq années de «bon comportement» vis-à-vis de vos enfants seront récompensées par la facilité de vos échanges: lorsque vous aurez une demande à lui faire, il sera moins enclin, parfois par simple réflexe, à se cabrer et ne cherchera pas à discuter toutes vos demandes. L'enfant accepte plus facilement des demandes de personnes qui lui ont prouvé qu'elles étaient de belles personnes, capables de lui donner un amour inconditionnel et non soumis à ses comportements. L'adulte et l'enfant ne sont pas alors dans une relation d'autoritarisme pur et dur, mais dans une relation horizontale, d'égal à égal, fondée sur le respect mutuel, une relation dans laquelle les zones de frottements entre nos demandes et la bonne volonté de l'enfant sont moins nombreuses et moins grinçantes.

> **La parentalité bienveillante consiste à prendre en compte le pouvoir de votre attitude et à appliquer des astuces pour valoriser celle-ci afin de réduire les frictions du quotidien qui abîment le lien d'attachement entre votre enfant et vous.**

Votre mission de parent, c'est aussi de garantir en permanence à votre enfant un univers adapté à son âge et sécurisé de façon à ce qu'il puisse développer aisément les fonctions nécessaires à la compréhension du monde et de son environnement.

3

Quel modèle éducatif ?

Éduquer un enfant, c'est faire pousser les graines du jardin de ses émotions intérieures

Quel modèle éducatif donner à ses enfants ? Les avis divergent souvent sur le sujet. Mais une règle doit être impérativement respectée : commencez par vous promettre de ne jamais vous disputer devant vos enfants, car c'est extrêmement destructeur (voir encadré p. 66). Vous êtes désormais unis pour la vie – et ce, même si vous êtes amenés un jour à vous séparer – par cet être qui a besoin de ses deux parents, pour leurs différences et leur complémentarité. Revenons à la question : quel modèle de vie allons-nous répéter au quotidien sous les yeux de notre enfant pour qu'il s'en empreigne ? Les attentes et les croyances des parents influencent la vie des enfants, l'environnement affectif agit directement sur le développement des neurones de l'enfant (voir chapitre 4, « Neurosciences et développement de l'enfant », p. 89-96). Si l'enfant évolue dans un environnement bienveillant, dans lequel il se sent soutenu, il va pouvoir se développer harmonieusement. C'est dire si la mission qui est la nôtre revêt un caractère primordial !

AMOUR INCONDITIONNEL POUR L'ENFANT ET ENTENTE ENTRE LES PARENTS : DEUX PARAMÈTRES ESSENTIELS POUR L'HARMONIE FAMILIALE

Il est primordial que les parents expliquent à leur enfant (lorsqu'il a environ 5 ans) que l'amour que son père et sa mère se portent est différent de l'amour qu'un parent peut avoir pour un enfant. Seul, l'amour inconditionnel permet à l'enfant de se construire. Pour se développer harmonieusement, il doit avoir la certitude que son papa et sa maman l'aiment et l'acceptent tel qu'il est, avec ses forces mais aussi ses faiblesses. L'enfant ne doit pas rentrer dans un système de conditionnement dans lequel il doit mériter l'amour de ses parents. Il n'est pas là pour leur plaire, mais bien pour être lui-même, pour exprimer et affirmer sa propre identité qui fait de lui cet être unique. L'éducation ne consiste pas à proposer un défi quotidien – être à la hauteur des exigences des parents.

Autre paramètre important, l'un des défis du couple sera de s'engager à ne jamais se disputer devant les enfants… Pas facile quand on s'est habitué jusqu'alors à répondre systématiquement à une pique que l'on reçoit de son conjoint. Réaction bien normale, d'ailleurs, car lorsqu'on éprouve un profond sentiment d'injustice ou que l'on est sous le joug de la colère, ravaler sa réponse ou la reporter à plus tard est extrêmement difficile. Et l'enfant agit comme un miroir grossissant du couple. Le défi de l'éducation est de parvenir à avoir cette double compétence : être chacun un bon coach individuellement et réaliser avec son conjoint un travail d'équipe efficace. Idéalement, s'efforcer d'harmoniser ses attentes avec celles de son conjoint.

QUELQUES QUESTIONS CLÉS SUR L'ÉDUCATION QUI MÉRITENT RÉFLEXION AU SEIN DU COUPLE

Il est donc essentiel d'avoir au sein du couple des discussions au sujet du modèle éducatif à mettre en place, et ce, bien avant la naissance de l'enfant :

- Quelle est notre philosophie de la vie, notre plan éducatif ?
- Quelles solutions créatives et pédagogiques pourrions-nous trouver ensemble ?
- Comment vois-tu l'association de la bienveillance et de la fermeté ?

→

- Que penses-tu de la fessée, des punitions ?
- Que pourrait-on mettre en œuvre pour ne jamais manifester de violence à l'égard de notre enfant, le punir, l'exclure ?

Dans la famille, tout est systémique c'est-à-dire que désormais rien ne sera vraiment sans conséquences. C'est un peu comme le battement d'aile du papillon à Shanghaï qui va générer une tempête en Californie.

Notre patience va donc être mise à rude épreuve (et c'est un euphémisme !). L'astuce est de ne pas tomber dans le « piège » qui nous est tendu notamment par ce contexte de stress qui nous pousse à « attaquer », mais aussi par les comportements involontairement excessifs de l'enfant. Il s'agit au contraire de s'inscrire dans une parentalité ludique et bienveillante, pour passer par-dessus ce phénomène qui peut nous faire adopter une attitude en contradiction avec notre profond désir et notre philosophie, de pratiquer l'écoute active et de choisir la réponse adaptée au stade de l'évolution de votre enfant.

Plus vous allez soumettre l'enfant à votre demande par la menace ou par l'ordre, plus il va se braquer. Et surtout, vous allez user peu à peu le lien d'attachement. La parentalité a un côté insidieux : progressivement, sans vous en rendre compte, ces petites malveillances quotidiennes – les violences éducatives ordinaires (voir encadré p. 61-63) – qui peuvent vous paraître, de prime abord, bénignes, légitimes et sans conséquence, sont comme des coups de rabot virtuels que vous mettez dans ce lien d'attachement, lui aussi virtuel, et qui font qu'au final vous vous retrouvez certes sur la même route, mais pas forcément dans le même véhicule.

Souvent, c'est une idée fausse qui va vous amener à adopter le mauvais comportement. Vous vous dites : « Il le fait exprès ! », « Il se moque de moi » ou « Là, il me cherche, c'est sûr ! » et, vous sentant agressé par son attitude, vous réagissez de manière impulsive.

Vous pouvez avoir l'impression d'avancer ensemble car la route est la même, pourtant vos véhicules sont séparés et, un jour, un véhicule, celui de la maman, celui de l'enfant, quitte la route. C'est le signe d'une cassure dans le lien d'attachement. Et quand ce signe se manifeste, il est déjà trop tard pour revenir en arrière. Nous, les hommes, en particulier, avons, je le crois, des difficultés pour remarquer et/ou prendre au sérieux les signaux qui nous sont envoyés avant les tempêtes. Soyez attentifs, vigilants, à l'écoute.

Le rôle du père est essentiel dans la construction de l'enfant. Différent de celui de la mère, il le complète. Le père participe activement à la construction de la personnalité de l'enfant en soutenant l'assimilation de l'autonomie et de l'indépendance nécessaires, lesquelles favorisent la confiance en soi indispensable pour faire face aux épreuves de l'avenir.

Le modèle du père Fouettard des années 1970 qui veille au respect de la règle et aux finances du foyer est bel et bien périmé (voir encadré ci-dessous).

L'ASSEMBLÉE VOTE LARGEMENT L'INTERDICTION DE LA FESSÉE[21]

« [...] Vers la fin des fessées ou des gifles pour les enfants ? L'Assemblée nationale a adopté dans la nuit [du 30 novembre 2018] une proposition de loi à la portée largement symbolique visant à interdire les "violences éducatives ordinaires".

« [...] Selon la Fondation pour l'Enfance, 85 % des parents français ont recours à des violences dites éducatives.

« [...] La ministre de la Santé Agnès Buzyn a apporté un franc soutien au texte, arguant notamment que "l'on n'éduque pas par la peur" et que cette violence "prétendument éducative" a des "conséquences désastreuses sur le développement de l'enfant". Le texte permettra "de rompre avec l'appréciation parfois souple de la jurisprudence" d'un "droit de correction", a-t-elle affirmé.

21. Dépêche de l'Agence France presse, HILL (Charlotte), 30/11/2018. À l'heure où ce livre est sous presse, ce projet de loi déposé à l'Assemblée nationale n'est pas encore ratifié. Il doit faire l'objet d'une seconde lecture au Sénat.

> *« [...] L'interdiction formelle, si elle est actée au terme du parcours législatif, permettrait à la France d'être en conformité avec les traités internationaux, alors que le pays a été épinglé à plusieurs reprises par les instances internationales. La France deviendrait ainsi le 55ᵉ État à interdire totalement les châtiments corporels [...]. La Suède avait légiféré sur le sujet dès 1979. »*

Place aux nouveaux papas, proches, empathiques et bienveillants, qui ont le souci de construire une relation de qualité avec leurs enfants. Il est vrai que ce nouveau modèle de vie, cette approche intellectuelle, nous bousculent beaucoup, nous, les hommes, ils ébranlent nos certitudes. Par nature, nous avons tendance à être sûrs de nous, fiers, nous évitons de nous épancher, car pour nous sentiment ne rime ni avec force ni avec victoire – je force le trait à dessein. Mais la société a changé : le modèle de l'homme ultra-viril, un brin macho, qui ne montre pas ses sentiments, a fait place à l'homme qui soigne son apparence, le « métrosexuel »[22]. L'homme peut désormais être hétérosexuel, sexy, sensible et fort à la fois sans

22. Ce néologisme inventé en 1994 par Mark Simpson, journaliste britannique à *The Independent*, désigne les hommes citadins, soucieux de leur apparence (vêtements, produits cosmétiques, coiffure, soins esthétiques) et entretenant leur condition physique (alimentation, musculation, massages). Le terme englobe indifféremment les hétérosexuels et les homosexuels.

y perdre de son aura. Par la suite, le mariage gay a démontré que les hommes modernes, qu'ils soient homosexuels ou hétérosexuels, ne seront définitivement plus les mêmes que par le passé. Et c'est une bonne nouvelle ! Nous pouvons donc être des papas engagés sans pour autant écorner notre masculinité. Celle-ci y gagne même en rayonnement. L'homme ne veut plus être seulement un homme à 100 % et accessoirement un père, il veut être intégralement homme et père à la fois.

Depuis 2002, en France, en sus des 3 jours de congé obligatoires accordés à la naissance d'un enfant (à la charge de l'employeur), le père peut prendre 11 jours calendaires de congé paternité, soit un peu moins de deux semaines. C'est un premier pas pour réduire les inégalités hommes/femmes en matière d'éducation : en effet, il importe pour le jeune père de pouvoir passer du temps à la maison dans un cadre légal. Il n'y a pas si longtemps, si un homme émettait le désir de prendre un congé paternité, le regard porté sur lui pouvait être négatif : « Celui-là, il veut rester chez lui, il n'a pas envie de travailler ! ». Mais 11 jours, c'est encore très insuffisant. Si nous sommes chanceux par rapport à certains autres pays où la législation est nettement moins favorable (1 jour seulement en Italie, 0 aux États-Unis ou en Allemagne), cette durée est très courte comparée à ce qui se pratique par exemple en Finlande (54 jours) ou en Islande (90 jours). Or ce temps passé avec l'enfant dès son plus jeune âge est fondamental pour tisser les liens. Il est essentiel pour le nouveau-né de passer du temps avec ses deux parents, mais quand, pour l'un d'eux, le moment est venu de retourner travailler, le bébé va développer avec le parent resté avec lui une relation personnelle très forte. C'est souvent la mère. Si aujourd'hui, le père peut lui aussi passer des journées entières seul avec son enfant, c'est toute la famille qui y gagne : le bébé voit que la relation n'est pas seulement celle qu'il noue avec sa mère, la mère partage avec le père les joies et les problématiques du quotidien, et le père s'investit dès le début dans son rôle, avec toute l'intensité émotionnelle que suscite un nourrisson. Sans compter qu'un tel partage ne peut qu'être bénéfique pour la vie de couple. Et l'enfant, des années plus tard, en ressent encore les bienfaits.

La prochaine étape pour continuer à faire évoluer les mentalités, c'est de revaloriser le congé parental d'éducation en termes de durée et de financement[23]. En France, un effort a déjà été fait pour inciter les parents à partager la durée de ce congé entre le père et la mère (voir encadré page suivante). Mais dans beaucoup de foyers, le salaire de l'homme étant plus élevé que celui de la femme, si le père cesse de travailler, le manque à gagner est plus important, paramètre qui rentre également en ligne de compte quand il s'agit de faire ce genre de choix.

---

23. Entre le 1er avril 2018 et le 31 mars 2019, le montant de l'allocation versée pour une personne prenant un congé parental d'éducation à temps plein (cessation totale d'activité) était de 396,01 euros par mois.

LE CONGÉ PARENTAL D'ÉDUCATION : UN TEMPS DE GARDE À PARTAGER

« Le 1er janvier 2015, la réforme du congé parental est entrée en vigueur pour mieux répartir les responsabilités au sein des couples. Une nouvelle allocation a été instaurée : la prestation partagée d'éducation de l'enfant (PreParE). [...]

« Aujourd'hui, moins de 4 % des congés parentaux sont pris par les pères. Pour tenter d'augmenter cette proportion, la durée de versement de la PreParE sera allongée si les deux parents se partagent le temps de garde. [...]

« Pour le premier enfant, la durée est de 6 mois maximum pour chaque membre du couple, dans la limite du premier anniversaire de l'enfant. Si vous avez déjà un enfant au sein de votre foyer au moment de la naissance, la durée est de 24 mois maximum par parent jusqu'au troisième anniversaire de l'enfant. Enfin, en cas de naissance de triplés, la durée est de 48 mois maximum, dans la limite du sixième anniversaire des enfants. »[24]

24. Extrait d'un article paru sur le site de la Caf : http://www.caf.fr/allocataires/vies-de-famille/elever-ses-enfants/conge-parental/les-nouvelles-regles-du-conge-parental

Il n'y a pas si longtemps, la femme qui avait eu un enfant devenait mère et le restait aux yeux de la société et notamment des recruteurs. L'homme devenu père restait avant tout un homme. Aujourd'hui, pour que la femme moderne qui a eu un enfant redevienne rapidement femme après l'accouchement et reprenne ses fonctions inhérentes à son statut de femme, elle doit pouvoir être épaulée par le soutien efficient du père.

Retenez que les solutions sont bien plus nombreuses que les difficultés. Si vous vous inscrivez dans une parentalité ludique, vous trouverez presque toujours une issue aux situations critiques, excepté quand votre cerveau ne pourra plus inventer, car il sera trop stressé. Mais dans ce cas, vous êtes deux, ne l'oubliez pas, donc passez la main ! La qualité de la relation familiale passe par la fluidité du passage de témoin entre les conjoints.

Certes, dans un couple, les occasions de se déchirer sont nombreuses, mais les possibilités d'éviter les écueils le sont tout autant. Nous livrons dans cet ouvrage des astuces pour sortir des situations de crise et/ou éviter les conflits[25]. Pensez à tirer sur la bonne ficelle ! Ce n'est pas forcément en proférant des menaces que vous allez obtenir des résultats.

Dans tous les cas, il faut viser haut, s'y reprendre à plusieurs fois, ne pas s'en vouloir de rater et recommencer encore et encore. Visez haut, même

---

25. Voir les différentes astuces pratiques proposées p. 99-106, 138-140, 146-147, 153-159, 166-168, 177-183.

s'il y a des rechutes, vous en tirerez forcément du positif, vous évoluerez et c'est ce que votre enfant attend de vous.

La question sous-jacente est notre rapport à la violence : celle-ci est-elle normale ? Est-elle acceptable même si elle est minime ? Devez-vous prendre absolument une autre voie car la violence est insupportable même à très faible dose ? Ou au contraire devez-vous en user car c'est un moyen comme un autre qui peut se révéler efficace ?

La violence induit non seulement l'idée que c'est le rapport de force qui prévaut mais aussi que la rébellion n'est pas acceptable. Une éducation fondée sur un rapport de force et sur la violence a des conséquences à long terme : plus tard ce sera le modèle à reproduire en cas de tension avec autrui. Les neurosciences (voir p. 89-96) ont pu déterminer qu'un environnement punitif – fessées, privations, violence psychologique – peut déclencher chez l'enfant qui le subit une perte de confiance et d'estime de soi et générer par la suite un syndrome dépressif, des comportements addictifs, voire d'autres pathologies psychiques.

> **“ L'enfant est une chance pour l'adulte qui en est le parent ! ”**

En devenant parent, vous avez une responsabilité inédite dans votre vie : aider votre enfant à se construire un avenir meilleur que le vôtre, lui donner des atouts pour réussir personnellement, pour se constituer un socle sur lequel il pourra se tenir debout et affronter les tempêtes de la vie. Il est impossible d'empêcher ces tempêtes, mais si vous avez bien préparé votre enfant, elles lui sembleront de fait plus faciles à traverser.

Voilà le cadeau que nous pouvons faire à notre enfant par nos actes et nos paroles durant cette période de l'enfance, voilà la grandeur de la mission qui nous est confiée car tout ce que vit un enfant retentit sur son devenir, modèle le développement de son cerveau, affecte son fonctionnement psychologique (émotions, sentiments, relations) et cognitif (mémoire, réflexion).

> **« La parentalité est une rencontre virtuelle entre l'inconnu, le mystère de la vie et le plus profond de notre être. »**

LE PHÉNOMÈNE DE L'ÉLASTIQUE

Ce que j'appelle le phénomène de l'élastique, c'est le retour ultra-rapide de vos blessures d'enfance mal cicatrisées, qui se rouvrent à l'occasion d'une situation conflictuelle avec votre enfant ou votre conjointe. Lorsque votre enfant hurle et s'oppose à vous, il n'est pas rare que cela réactive un mauvais souvenir enfoui au plus profond de vous-même et la résurgence de ce souvenir vous fragilise. Cela peut vous amener, malgré vous à réagir de la manière exactement opposée à celle que vous aviez prévue dans votre plan éducatif.

Des parents élevés dans la bienveillance auront plus de facilité à répondre instinctivement aux besoins de leurs enfants... et par conséquent à faire d'eux plus tard des parents bienveillants !

L'AVIS DU PROFESSIONNEL, SERGE LEBON

« L'éducation par la bienveillance et la positivité doit être au centre de tous nos échanges, pour le bien-être de l'enfant et celui de toute la famille. »

4

Neurosciences et développement de l'enfant

Chaque interaction avec un enfant n'est que l'infime trace d'un souvenir que nous lui laissons en héritage

L'enfant n'est ni manipulateur ni capricieux. Son cerveau, malléable, immature, vulnérable, se modèle en fonction de son environnement : tout ce qu'il vit s'imprègne au plus profond de lui mais il n'est pas encore en mesure de gérer ses émotions comme nous, adultes, pouvons le faire.

Les résultats des dernières études des neurosciences affectives et sociales (voir encadrés p. 76-77 et 80-81) – qui concernent les émotions, les sentiments et les capacités relationnelles – nous offrent la possibilité de casser les schémas surannés de l'éducation pour impulser de réels changements dans l'attitude à adopter face à nos enfants. Ce livre n'a pas la prétention de vous exposer ces résultats scientifiques de manière approfondie, mais de vous donner quelques pistes qui peuvent vous aider à mieux comprendre au quotidien les réactions de votre enfant.

AMOUR, PEUR, VIOLENCE ET DÉVELOPPEMENT DE L'ENFANT

- L'amour est la principale source de développement de l'enfant, il ne faut donc pas avoir peur de manifester son amour à son enfant sous prétexte que l'on ferait de lui un enfant roi. Trop d'amour ne peut pas nuire, bien au contraire ! L'absence d'amour, elle, détruit.
- La peur est contre-productive : elle plonge l'enfant dans un état de sidération, si bien qu'il ne peut plus entendre et encore moins comprendre ce qu'on lui dit.
- La violence détruit sa compassion envers lui-même et envers les autres. Si vous reproduisez la violence que vous avez vous-même vécue étant enfant, interrogez-vous : ne seriez-vous pas tout simplement en train de vous venger de celle-ci ? Et de vous venger sur votre enfant, qui n'est absolument pas responsable de ce que vos parents vous ont fait ?

Lorsque votre enfant crie ou pleure, l'amygdale de votre cerveau s'active mais le nombre de récepteurs d'ocytocine est moindre qu'à l'ordinaire. Vous êtes alors énervé, soumis à une vive tension et il se peut que vous reproduisiez des comportements que vous avez subis par le passé, notamment une certaine forme de violence. En effet, sous l'effet du stress, nous pouvons avoir trois réactions instinctives : l'attaque, la fuite ou la sidération (voir p. 94-95). Mais c'est souvent l'attaque qui prévaut car nous vivons la source de ce stress comme une agression et nous nous comportons selon le principe action/réaction : le réflexe quand nous nous sentons attaqués, c'est de nous défendre, bien souvent en contre-attaquant. Afin de soulager ce stress qui jaillit avant même que votre raison ait pu donner son avis, il vous faut commencer par guérir vos blessures du passé. Car entretenir avec votre enfant une relation reposant sur la peur et la violence n'est pas sain : comme l'explique très clairement la pédiatre Catherine Gueguen dans son livre *Vivre heureux avec son enfant* (voir encadré page suivante), la peur et la violence ont un impact considérable sur la santé physique et psychologique de l'enfant, sur la construction de ses relations aux autres.

« LE STRESS ALTÈRE L'HIPPOCAMPE, LIEU DE LA MÉMOIRE ET DE L'APPRENTISSAGE »[26]

« L'hippocampe est une des structures cérébrales majeures pour mémoriser et apprendre. Le stress, en fragilisant l'hippocampe, affaiblit la mémoire, perturbe l'apprentissage. Le cortisol sécrété lors du stress active l'amygdale, centre de la peur, et altère l'hippocampe. L'esprit est paralysé par la peur. L'enfant n'est plus capable d'écouter ni d'apprendre. Si le stress se prolonge, le cortisol sécrété en trop grande quantité agresse les neurones de l'hippocampe, freine leur multiplication, diminue leur nombre, peut les détruire, ce qui altère les capacités d'apprentissage et la mémoire. La maltraitance verbale et physique chez l'enfant diminue le volume de l'hippocampe. »

Or, il est prouvé aujourd'hui que le parent qui a reçu un attachement de qualité dans son enfance aura les bonnes réponses face aux pleurs de son enfant, car son cerveau est empli d'ocytocine

26. Voir GUEGUEN (Catherine), *Vivre heureux avec son enfant - Un nouveau regard sur l'éducation au quotidien grâce aux neurosciences affectives,* Pocket 2017, p. 219 (1re éd. Robert Laffont, 2015). Catherine Gueguen s'inspire ici d'un article de TEICHER (Martin) *et al.*, « Childhood maltreatment is associated with reduced volume in the hippocampalsubfields CA3, dentate gyrus and subiculum », *Proceeding of the National Academy of Sciences United Sates of America,* fév. 2012, 109(9): E563-72.

(hormone de l'amour, du plaisir). C'est un cercle vertueux que vous êtes en train de mettre en place : si vous appliquez les préceptes de la parentalité positive, votre enfant sera alors naturellement bienveillant. Cela ne signifie pas que vous devez céder à toutes ses envies. Il faut savoir dire non quand c'est nécessaire et fixer des règles, mais vous le ferez avec calme et fermeté, sans lui faire peur, le menacer ou crier. Cette phase de tempête émotionnelle sous le crâne de votre enfant ne durera pas si vous vous montrez bienveillant et apaisant avec lui, au lieu de le punir ou de lui parler violemment.

> **L'AVIS DU PROFESSIONNEL, SERGE LEBON**
> **Grâce aux avancées des neurosciences affectives, nous avons accès à des éléments qui nous démontrent tout l'intérêt d'adapter nos formes éducatives pour le bien de nos pépites.**

Ainsi que je l'ai déjà mentionné, le cerveau de l'enfant est immature. Jusqu'à l'âge de deux ans, le jeune enfant n'a pas la capacité d'enregistrer la négation. Ainsi, lui dire « Ne mets pas ce petit objet dans ta bouche ! » est inutile. Il va entendre exactement l'inverse « Mets ce petit objet dans ta bouche ! » et, croyant vous faire plaisir, il va, peut-être avec un grand sourire, mettre l'objet dans sa bouche. Vous allez penser qu'il se moque de vous. Mais ce n'était absolument pas son intention. Pour l'aider à comprendre votre propos, coordonnez l'image avec le geste. L'enfant découvre le monde en manipulant et en portant les objets à sa bouche (regarder, toucher, goûter). Il faut d'abord qu'il puisse mentaliser le film de ce que vous attendez de lui et qu'il coordonne l'image qu'il a en tête avec le geste qu'il s'apprêtait à faire avant de pouvoir se remémorer la règle et l'appliquer en inhibant le geste interdit. Il va se passer du temps et de nombreuses répétitions avant qu'il n'y parvienne donc les maîtres mots sont patience et bienveillance.

BREF APERÇU SUR LE FONCTIONNEMENT DU CERVEAU

Dans son livre *Pour une enfance heureuse,* Catherine Gueguen explique que, schématiquement, le cerveau est constitué de trois structures :

– le cerveau archaïque ou reptilien, appelé ainsi car il est apparu chez les reptiles il y a 500 millions d'années. Il gère les fonctions vitales (respiration, rythme cardiaque, sommeil, etc.) et les réflexes en cas de danger (l'attaque ou la fuite) ;

– le cerveau émotionnel ou système limbique, apparu chez les premiers mammifères il y a 150 millions d'années. Il comprend notamment l'hippocampe et l'amygdale et permet d'éprouver des émotions et de les contrôler ;

– le néocortex, dit cerveau supérieur, qui s'est développé chez les primates il y a 2 ou 3 millions d'années. Il comporte notamment le cortex préfrontal et gère les fonctions cognitives (langage, perceptions, capacités de raisonnement, d'apprentissage, etc.).

« Quand l'adulte est en proie à la colère, à l'anxiété, à la peur, à la frustration, à la jalousie, écrit Catherine Gueguen, *il peut parvenir à se contrôler, à ne pas agresser, à ne pas suivre toutes ses impulsions. Si la situation n'est pas dramatique et si son cortex préfrontal fonctionne correctement, il prend le temps d'examiner la situation, il tente de comprendre ce qui se passe, ce qui a déclenché ses émotions, ses sentiments, bref il prend de la hauteur face aux événements.*

[...] Les neurones du cortex préfrontal [...], où s'établit une bonne part du contrôle rationnel des émotions, ne parviennent à maturité qu'au début de l'âge adulte. De plus, chez l'enfant, les connexions qui transmettent les informations entre le cortex et le système limbique sont encore peu développées.

Cela nous permet de comprendre pourquoi l'enfant petit est si vite submergé par de véritables tempêtes émotionnelles et par les comportements impulsifs d'attaque ou de fuite directement issus du mode de fonctionnement de son cerveau archaïque et émotionnel. »[27]

---

27. Voir GUEGUEN (Catherine), *Pour une enfance heureuse - Repenser l'éducation à la lumière des dernières découvertes sur le cerveau,* Pocket 2015, p. 87 et 108 (1re éd. Robert Laffont, 2014).

5

Communiquer avec son enfant

Nos mots peuvent soigner mais ils peuvent aussi blesser

Si vous maîtrisez l'art de la communication, vous aurez une sacrée longueur d'avance ! La qualité de notre verbalisation est capitale dans la parentalité.

Avant tout, la question est la suivante : comment abordez-vous votre rôle de parent ? Comme un chef ? Comme un éducateur ? Votre posture intellectuelle va déterminer beaucoup de choses. Plus vous allez vous prendre au sérieux et moins cela va fonctionner. Attention ! Je ne suis pas en train de dire que le rôle de parent n'est pas sérieux. Je dis simplement que vous pouvez très bien ne pas prendre un air sérieux pour demander à votre enfant quelque chose qui l'est. Ce qui compte, c'est vous et votre façon de vous exprimer. Le véhicule des mots doit être fleuri, musical, drôle, attirant, sympathique… Vous pensez que la posture autoritaire peut vous permettre d'acquérir une autorité naturelle ? C'est un leurre ! Au contraire, elle va bloquer l'enfant et vous pousser à répéter plusieurs fois votre requête, donc à vous énerver. Vous avez tendance, sous l'effet du stress, à menacer, ordonner, rabaisser, sermonner, faire la morale, voire insulter ? Le message ne passera pas ainsi. Car, comme nous l'avons vu au chapitre 4, « Neurosciences et développement de l'enfant », (p. 89-96), le cerveau de l'enfant est immature et vulnérable : non seulement il est vain de vouloir qu'il raisonne comme un adulte, mais de plus, lui parler d'un ton quelque peu violent peut aller jusqu'à abîmer durablement les neurones de son cerveau.

Apprendre à maîtriser les rouages de la communication bienveillante demande un peu d'entraînement, c'est une sorte de gymnastique de l'esprit, mais c'est un investissement pédagogique à long terme car les résultats n'apparaissent qu'après l'action entreprise. Vous devez bien maîtriser vos émotions et comprendre les émotions de l'enfant pour adopter la bonne attitude envers lui. L'art de la communication est de ne pas s'énerver et de ne pas céder en même temps. Soyez fermes, le cadre fixé a du bon.

L'enfant a une hyper réceptivité à notre façon de lui présenter les choses (nos mots, notre ton, notre voix). Or, chaque jour, nous avons des dizaines de demandes à lui adresser. Il vaut mieux pour ne pas générer les frictions qui abîment le lien d'attachement, éviter le registre de l'autoritarisme. Celui-ci génère chez l'enfant la production de cortisol, lequel peut vraiment avoir des effets dévastateurs sur le cerveau (voir encadrés p. 76-77 et 80-81). Par exemple, lorsque vous criez sur votre enfant ou que vous lui faites les gros yeux, vous lui transmettez vos émotions avec une violence qui peut déclencher chez lui de la peur. Or son cerveau, sur le plan biologique et comportemental, n'est pas équipé comme le vôtre et il ne peut pas réguler ses émotions. Alors votre colère prend à ses yeux des proportions énormes, et peut avoir sur la construction de ses connexions neuronales un effet dévastateur, bien au-delà de ce que vous imaginez.

ASTUCES POUR COMMUNIQUER AVEC VOTRE ENFANT

Mettez-vous à hauteur d'enfant et sachez capter son attention

Commencez par vous baisser de façon à ce que votre regard et celui de l'enfant soient au même niveau. Puis captez l'attention de l'enfant et écoutez-le avant de lui parler. Si vous jetez des discours en l'air, certes étayés par des arguments valables mais sans avoir capté au préalable l'attention de votre enfant, le dialogue a de fortes chances de se terminer ainsi :

— Je viens de te l'expliquer!
— Oui, mais j'ai pas entendu!
Et vous repartez à la case départ, énervé de devoir répéter ce que vous venez de dire.

Scénarisez votre demande

J'ai remarqué que lorsque je demandais à ma fille de faire quelque chose qui ne la faisait pas sauter de joie (bien au contraire!), j'obtenais de meilleurs résultats si j'usais d'arguments « vendeurs » que si je me contentais de lui parler juste normalement. Inscrivez-vous dans l'anormalité! Modifiez votre intonation, chantez votre demande, mettez un nez de clown, grommelez, prenez une voix d'ogre, bref, ajoutez un peu de décor! Par exemple pour faire venir votre enfant à table: « Comment ça tu ne veux pas? Dommage je t'ai préparé quelque chose d'absolument incroyable! Ce soir, tiens-toi bien, tu vas manger la lune! » Disposez alors les grains de maïs en forme de croissant de lune et le tour est joué! Cela marche aussi très bien avec des grains de semoule aménagés en forme de cœur!

Évitez les étiquettes négatives

Traiter son enfant de « Gros bébé » ou de « Menteur », par exemple, est dévalorisant. C'est lui coller une étiquette, et les mots employés cheminent durablement dans sa tête. N'oubliez pas que son cerveau est immature et malléable et que des paroles que vous prononcez peuvent laisser des traces profondes chez l'enfant. De même, les petites expressions à caractère néfaste – « Mais qu'est ce que j'ai fait au bon Dieu pour avoir un enfant comme toi ? » ou « Tu as le diable au corps ! » ou encore « Tu n'arriveras jamais à rien ! », etc. – expriment votre exaspération du moment, mais, si vous, vous allez les oublier très rapidement, les enfants les archivent dans un petit coin de leur mémoire et ces mots peuvent venir résonner dans leur tête bien des années plus tard.

Remplacez « Si… » par « Dès que… »

« Si… » implique une condition *sine qua non* qui doit être remplie pour que la chose désirée devienne réalité. Il n'est pas certain que celle-ci se produira. « Dès que… » laisse entrevoir que la chose désirée arrivera avec certitude. Vous ne parlez plus au conditionnel et, ce faisant, vous responsabilisez l'enfant : que l'événement souhaité advienne ne dépend que de lui. Par exemple, « Si tu ranges ta chambre, nous irons au parc » devient « Dès que tu auras rangé ta chambre, nous irons au parc » : la seconde formulation est plus motivante.

Formulez vos demandes positivement

Nous l'avons vu, jusqu'à l'âge de 2 ans, l'enfant ne comprend pas la négation (voir chapitre 4, « Neurosciences et développement de l'enfant », p. 89-96). Faites l'effort de tourner vos phrases de façon à ce qu'il entende non pas *ce qu'il ne doit pas faire* mais *ce qu'il peut faire*. Vous avez ainsi plus de chances de désamorcer le geste que vous voulez qu'il évite de répéter. Ces mots positifs resteront en lui et feront encore écho bien des années plus tard (voir tableau p. 88).

Ne dites pas...	Dites plutôt...
Ne touche à rien !	Tu as le droit de toucher uniquement à ceci.
Ne claque pas la porte !	Peux-tu fermer la porte doucement, s'il te plaît ?
Ne met pas ce verre au bord de la table !	Pose le verre plutôt ici, s'il te plaît, sinon il risque de tomber.
Ne crie pas !	Parle doucement !
Ne cours pas dans la maison !	Dans la maison, on marche !
Ne crache pas !	La salive, c'est dans la bouche !
Attention, tu vas tomber !	Tu vas y arriver !
Tu es maladroit.	Je vais t'aider à réparer.
Ne va pas sur la route !	Reste sur le trottoir et marche du côté du mur !
Arrête de taper !	La main sert à caresser et à dessiner.

Remplacez « Non ! » par « Stop ! ».
Efforcez-vous, même si ce n'est pas facile, de ne plus dire « Non ! ». Dites « Stop ! ». En effet, le message est alors plus clair pour l'enfant : au lieu de lui signifier

sur un ton de réprimande que vous lui reprochez de réaliser l'action qu'il a entreprise, ce qui peut générer chez lui du stress, voire un blocage, vous lui demandez simplement de cesser ce qu'il est en train de faire. Il ne se sent pas remis en cause, il comprend que c'est juste son action qui suscite votre désapprobation.

Prenez un ton ferme pour une requête importante et expliquez

Parlez d'un ton ferme à votre enfant lorsque vous lui demandez une chose importante et ajoutez une explication car une requête « apathique » peut faire croire à l'enfant que la demande ne revêt pas un caractère essentiel : « Les enfants, mettez vos chaussures dès à présent, comme cela nous serons prêts pour sauter dans le taxi qui va bientôt arriver ».

Répétez avec patience...

Respectez les besoins de réitération de votre enfant. Certes, c'est un peu usant mais pour lui c'est un processus naturel d'affirmation et d'apprentissage. Aussi, faites régulièrement des rappels à la règle ou au cadre fixé car l'enfant, même s'il a compris et respecté votre demande une première fois, ne garde pas la consigne en tête lors de son temps de jeu.

... mais ne répétez jamais à l'identique

Bien sûr, nous sommes souvent obligés de répéter les choses. Mais ne répétez pas plus de deux fois la même chose avec les mêmes mots et le même ton. Formulez différemment, changez votre intonation. Par exemple, le fameux « Range ta chambre ! » prononcé par tous les parents pourrait devenir « Tu as un beau plancher dans ta chambre. Pourrais-tu en libérer quelques mètres carrés ? »

Formulez une seule demande à la fois

Évitez de multiplier les requêtes dans une même phrase ! Le message « Alice, va chercher ton doudou, puis tu reviens et tu mets le ballon qui est au pied de ton lit dans le coffre à jouets et ensuite tu mets tes chaussures ! » a toutes les chances de ne pas être reçu par l'enfant !

Réfléchissez avant de réagir

Dans une situation problématique, prenez toujours quelques secondes de réflexion avant d'agir ou de réagir. Peut-être avez-vous une solution à proposer, une astuce à appliquer ? Votre petit dernier pleure toutes les larmes de son corps parce que le copain invité à la maison ose s'emparer de son camion préféré et ne veut pas le lui rendre ? Comment réagir ? Il faut que votre enfant puisse considérer l'intérêt de prêter son jouet comme étant supérieur à sa colère de voir ce même jouet dans les mains de quelqu'un d'autre. Est-ce que le problème vient du fait que le jouet soit prêté ou du fait que le copain ne veuille pas le rendre ? On peut commencer par lui poser la question. Et puis, on peut calmer son courroux en imaginant la séquence de vie suivante, imminente, et qui va obliger l'enfant invité à se séparer du jouet, par exemple l'heure du goûter, la sortie au parc, une activité manuelle : « Tu as le droit d'être en colère, mais, dis-moi, tu es en colère parce qu'il ne veut pas te rendre le jouet pour l'instant ? Tu sais, c'est normal qu'il n'ait pas envie de te le rendre, car comme toi il le trouve joli, ce camion, et il veut le garder un peu avec lui. Toi, tu as une chance énorme, et tu sais laquelle ? Ce soir, tu vas pouvoir le regarder, ton camion, et même le mettre à côté de ton lit pour t'endormir. Bon, de toute façon, dans cinq minutes, c'est l'heure du goûter et on ne joue pas en mangeant, n'est-ce pas ? Donc il va le reposer, le camion. Là, ça va mieux ? Ta colère s'est envolée ? Regarde, je l'attrape, ta colère [vous mimez le geste], et je la jette par la fenêtre ! Allez ouste, va-t-en, méchante colère ! Allez, les enfants, on se tient prêt pour le goûter d'ici trois minutes ! »

Proposez-lui un choix

Vous êtes souvent amené à demander à votre enfant de faire des choses qui ne lui plaisent pas beaucoup ou bien vous le faites à un moment où il est lancé dans une activité qui le passionne et qu'il ne veut pas interrompre. De ce fait, il refuse. Proposez-lui un choix : il ne veut pas prendre sa douche ou manger ses brocolis ? « Tu préfères prendre un bain ou une douche ce soir ? » ou bien « Haricots verts ou épinards ? ».

Présentez-lui un substitut

Par exemple, il joue avec un verre. Donnez-lui un gobelet en plastique mais l'empêchez pas de jouer.

Ne lui demandez pas de se calmer mais tentez de rediriger son énergie vers autre chose.

Lancez-lui des défis

La motivation de l'enfant est essentielle. Il faut parfois lui trouver une bonne raison d'agir lorsque l'action à accomplir n'est pas des plus amusantes. Ainsi, votre enfant a joué avec ses Clipos®[28] et le sol est jonché de dizaines de petits morceaux de plastique ? Après le jeu, il a souvent tendance à passer à autre chose sans ranger ce qu'il vient d'utiliser ? Comment l'inciter à ranger ? En lui lançant un défi, vous continuez sur le mode ludique : « On va bien voir si tu arrives à remplir le bac avec les Clipos® en trois minutes ! ». Vous pouvez utiliser un Time-Timer[29] pour permettre à l'enfant de visualiser la durée.

28. Les Clipos® sont des petites pièces colorées en plastique, munies de picots, que l'enfant imbrique les unes dans les autres pour construire différentes formes, au gré de son imagination.
29. Le Time Timer®, appareil très simple à utiliser, ressemble à un minuteur à aiguilles, mais sur le cadran figurent les chiffres des minutes et ceux-ci sont inversés par rapport à ceux du réveil (sur un Time Timer de 60 minutes, le zéro est en haut, le 55 en haut à droite). Il faut tourner le disque de couleur jusqu'à l'intervalle de temps désiré. La partie visible du disque diminue au fur et à mesure que le temps s'écoule. Un bip sonore prévient quand le temps imparti est écoulé. Il existe des Time Timer de 5, 20, 60 et 120 minutes. Pour un jeune enfant, il est plus facile de visualiser une durée de 5 minutes sur un Time Timer de 5 ou 20 minutes que sur un de 60.

Encouragez-le à proposer lui-même une solution

Demandez à votre enfant de proposer lui-même une issue pour sortir d'une crise. C'est parfois une solution plus efficace que nos suggestions et nos avalanches de mots. Par exemple, un copain lui a pris un jouet qu'il aime beaucoup et il se met en colère. Vous lui demandez comment résoudre le problème. Il va peut-être répondre que le copain ne connaissant pas le fonctionnement du jouet, il vaut mieux qu'il le lui montre et ensuite il le laissera essayer. En tout cas, cette technique oblige l'enfant à réfléchir à la solution qu'il aimerait voir appliquer : se concentrer ainsi l'oblige à se détourner un peu de sa colère car il ne peut être à la fois très en colère et réfléchir intensément. Il voit également que vous prenez en compte sa personnalité, ses idées pour sortir d'un conflit et cela le valorise.

Impliquez-le

Plutôt que de dire « À table dans cinq minutes ! » puis « À table tout de suite ! », dix minutes avant le moment auquel vous souhaitez qu'il vienne manger, dites-lui : « Je prépare le repas en ce moment. Tu penses être prêt pour venir dans combien de temps ? » Il y a de grandes chances qu'il vous réponde : « Dans cinq minutes » (de toute façon, ce n'est pas la peine de s'emballer sur le respect des cinq minutes, car l'âge auquel l'enfant saisit les notions d'espace et de temps, c'est 6-8 ans). Ainsi quand ce sera prêt il suffira de le lui signaler et il sera beaucoup plus enclin à venir tout de suite plutôt que si vous lui aviez donné un ordre. Autre exemple : « Je vois que tu es en colère, tu as le droit de ressentir de la colère. Je veux bien te proposer autre chose mais j'attends que ta colère soit passée, dis-moi quand tu es prêt ! C'est toi qui actives le Time Timer, OK ? » (voir note 29 p. 106).

Demandez-lui de reformuler

Suite à l'énoncé de votre consigne, demandez à votre enfant de reformuler votre requête de manière à ce qu'il dise lui-même ce qu'il a le droit de faire et pas faire (c'est une technique de la communication non-violente).

Confiez-lui une mission

Lors d'une sortie, surtout en public, votre enfant a tendance à courir dans tous les sens, à toucher à tout, à s'éloigner ? Avant de sortir, confiez-lui une mission : « On va faire les courses. J'aurais besoin de ton aide : pourras-tu prendre un petit caddie et transporter les paquets de biscuits et les yaourts ? ». Ou encore : « On va aller au parc Floral avec ton cousin. C'est grand le parc, et il y a beaucoup de monde. C'est facile de se perdre de vue. Ton cousin, il est plus jeune que toi et il n'y est jamais allé. Mais toi, tu connais. Alors si par exemple, vous êtes aux toboggans et qu'il te dit, "Viens, on va aux balançoires !", tu lui expliqueras notre règle : "D'accord, mais on va le dire à Papa et à Maman" ». Votre enfant est alors focalisé sur la tâche ou la responsabilité qui lui incombe, et il y a de fortes chances pour qu'il se comporte comme un grand.

Même si bien sûr, vous n'allez pas lui demander d'être le babysitter du cousin en question !

Montrez votre limite en la matérialisant de façon concrète

Votre enfant vous rend fou ? Tracez un trait sur un verre et faites-lui remplir le verre avec de l'eau : expliquez-lui que l'eau qui monte c'est votre colère et que le trait, c'est votre limite.

Proposez-lui un câlin

Serrez votre enfant au moins 10 secondes dans vos bras et dites-lui « Tout va bien » : vous favorisez ainsi le retour à l'apaisement car ce petit câlin permet à l'ocytocine de réguler les effets du cortisol. Le sentiment de sécurité intérieure de l'enfant est procuré par l'attention que lui portent ses parents, par leur amour inconditionnel, par le contact physique, la liberté de choix, les règles claires. Si votre enfant vous réclame un câlin, le matin, avant de partir à l'école, ne le lui refusez pas sous prétexte que vous êtes en retard. Bien souvent, monter sur vos genoux et se blottir dans vos bras pendant une minute lui suffit pour remplir son réservoir affectif et retrouver l'énergie nécessaire pour continuer la routine matinale (voir encadré p. 65-67).

Privilégiez la qualité de la relation à la quantité

N'oubliez pas que c'est la qualité de la relation qui est essentielle : nous manquons souvent cruellement de temps et il n'est pas rare de culpabiliser parce que nous avons le sentiment de ne pas passer assez de temps avec nos enfants. Si vous n'êtes pas très disponible, veillez à être pleinement présent dans les courts moments que vous leur accordez. Lorsque vous leur lisez la (les) sacro-sainte(s) histoire(s) du soir, donnez-vous à fond dans la lecture du texte, mettez le ton, faites vivre les personnages de l'histoire, faites transparaître les émotions qui l'animent ! Et lors d'une partie de dominos ou de Mikado®, évitez de jeter un coup d'œil à votre portable quand ce n'est pas à vous de jouer.

Voyez l'amour comme une source d'énergie et non comme une gratification

Plus votre enfant recevra d'amour et plus son cerveau se développera. En ce sens, comme l'a très bien dit Isabelle Filliozat, *« L'amour est un carburant et non une récompense. »* Consoler un enfant, ce n'est pas lui donner une mauvaise habitude qui fera de lui un enfant roi.

Accordez-lui du temps exclusif

Offrez-lui un moment seul avec vous, même si ce moment est court mais cela a toute son importance. N'oubliez pas que votre rôle est de remplir le réservoir des souvenirs et non celui des regrets.

Jouez avec lui

Jouez et rejouez encore et encore avec votre enfant, que ce soit en jeu dirigé ou en jeu libre (voir encadré p. 124-128).

Usez et abusez de l'incroyable pouvoir du moteur de la joie

De temps à autre, posez-vous cette question : le temps familial qui vient de s'écouler, les propos qui viennent d'être échangés étaient-ils joyeux ? Avez-vous diffusé de la joie autour de vous à cet instant T ? Si la réponse est « Non » ou « Pas vraiment », alors n'hésitez pas à insuffler un grain de folie dans votre quotidien. Les enfants sont souvent partants pour pour se payer une bonne tranche de rigolade et vous serez alors dans votre rôle de « chef d'orchestre des émotions de votre famille ». Cette énergie engendrera une dynamique positive au sein de votre foyer avec des effets immédiats et puissants. À tester sans modération !

Sachez le valoriser et lui donner confiance en lui

Il est important de parler à l'enfant de ses succès – cela va l'aider à construire son estime de soi – mais également de ses échecs. Car ceux-ci sont inévitables et il faut les voir comme les marches vers la réussite : l'erreur, considérée comme une étape de l'apprentissage, est source d'enseignements pour tous. L'enfant fait des essais, tâtonne, échoue, recommence... et finit par progresser ! Travailler sur ses erreurs permet d'instaurer un climat de confiance dans lequel l'erreur n'est plus stigmatisée mais devient un matériau collectif pour construire un savoir. N'hésitez pas à raconter à votre enfant vos propres échecs et les leçons que vous en avez tirées.

Recourez à la communication non-verbale

Souriez ! Le registre non-verbal revêt une importance capitale dans votre quête à être entendu. Un doigt posé sur lèvres pour signifier le silence aura plus d'impact que de répéter dix fois « Silence ! ». D'une manière générale retenez que l'enfant est très attentif et réceptif aux expressions de notre visage, servez-vous en pour faire passer vos messages !

Écoutez pour être écouté

Pratiquer l'écoute active évite de prendre ce que j'appelle « l'escalier infernal » : si vous insistez pour être écouté, si vous forcez pour parler en premier, vous risquez alors tous les deux de prendre ce fameux escalier. Utilisez le « je » sans poser de jugement. L'enfant n'écoutera pas tant qu'il n'aura pas été écouté. Il ne cherche pas à avoir le dernier mot mais le premier ! Il a un besoin si intense d'être écouté que si vous ne lui offrez pas cette opportunité, alors il insiste sans fin. Si vous lui répondez « Non, d'abord, c'est toi qui vas m'écouter », vous voici sur la première marche de cet escalier qui n'en finit plus et qui vous pousse à crier pour être entendu. Nous avons souvent l'impression que parler fort oblige l'autre à entendre, or c'est l'inverse qui se produit.

Posez des questions, n'imposez pas !

Posez-lui une question plutôt que de lui imposer quelque chose. Votre enfant refuse de mettre son manteau ? Demandez-lui « Quel temps fait-il aujourd'hui ? ». Voyant par la fenêtre le temps gris et pluvieux, il va sans doute en déduire qu'il fait froid et va de lui-même choisir le vêtement adapté. Le fait de lui avoir posé la question l'a responsabilisé et il y a de fortes chances pour qu'il ne s'oppose plus frontalement à vos demandes.

Dites non sans dire non

Votre enfant vous réclame des bonbons ? Faites-lui énoncer la règle que vous avez adoptée ensemble au préalable : « Oui tu peux avoir des bonbons mais redis-moi la règle que nous avions mise en place avec maman… » Et il va répondre : « Les bonbons, c'est que le week-end… ».

Dites-le en un mot !

La concision a parfois du bon, surtout face à un enfant captivé par l'activité qu'il est en train de faire. Dans ce cas, les grands discours sont inutiles, il ne vous entendra pas. Ne vous lancez pas dans une tirade telle « Alice, mets ton manteau, il fait froid et tu risques de tomber malade. Et après tu vas rater l'école et tu seras en retard sur ton travail et ça va t'obliger à travailler plus, tu auras moins de temps pour jouer, etc. » Vos arguments sont sans doute valables, mais pas pour un enfant. Un mot solitaire associé au prénom de l'enfant a plus de chance de se frayer un chemin jusqu'à son cerveau : « Alice, manteau ! ».

Utilisez les techniques de la respiration
Si vous voulez du calme, prenez une profonde inspiration en mimant avec vos bras le mouvement de gonflement des poumons puis demandez à votre enfant de vous imiter. Il s'y essaie à son tour et le fait de mimer dédramatise la situation.

Soyez empathique
Pour apaiser un enfant, il suffit de s'approcher de lui, de lui ouvrir ses bras, de le serrer contre vous en vous connectant à son émotion (se taire), en verbalisant son émotion (« Je comprends ce que tu ressens, je vois que c'est une grosse colère... ») et en proposant une issue (« Quelle solution proposes-tu ? Dis-moi quand tu es prêt... »).

Aidez-le à verbaliser
L'enfant est parfois incapable d'exprimer clairement ce qui le turlupine. Dans ce cas, il est important de verbaliser sa question. Ce sera souvent plus efficace que de tenter de trouver une solution à tout prix. Par exemple un enfant de 5 ans peut se poser comme question : « Mais que font mes parents dans la journée pendant que je suis à l'école ? » Verbaliser cette question aura un premier effet calmant avant que votre réponse n'apporte la totale sérénité.

Usez et abusez des petites phrase qui font du bien pour...

- **Instaurer la confiance de base**

— Je t'aime parce que tu es toi.

— Tu es une belle personne.
— Tu es important pour moi.
— Je te respecte.
— Nous sommes une équipe.
— Merci d'exister !
— J'ai remarqué que tu...
— Je vois que...
— Je t'écoute.
— Je te soutiens.
— Je crois en toi.
— Je suis heureux que tu sois mon enfant.
— Je serai toujours le papa aimant dont tu as besoin.
— Je vais te raconter ton histoire.
— Je te demande pardon.

- **Favoriser l'affirmation de soi**

— Tu as le droit d'être différent.
— Tu as le droit d'avoir tes idées, tes goûts et tes envies.
— Tu as le droit d'être en colère.
— Tu as le droit de ne pas penser comme moi.
— Tu vas réaliser de grandes choses.
— Tu as le doit d'exprimer tes émotions.
— Qu'en penses-tu ?

- **L'aider à prendre confiance en ses compétences**

— Tu es capable.
— Tu peux le faire.
— Tu as toutes les ressources en toi pour réussir.
— Tu as le droit d'échouer c'est une formidable opportunité pour réussir.
— Tu as un grand pouvoir en toi.
— Je crois en toi.
— Faisons une activité ensemble.

Allez chercher la poudre du sommeil

Versez dans sa main le soir avant le coucher un peu de poudre magique du sommeil que votre enfant devra ensuite étaler sur son visage. Effet garanti pour l'aider à s'endormir !

Animez les objets

Votre enfant rechigne à accomplir certaines tâches comme s'habiller ou se brosser les dents ? Donnez la parole à ses vêtements ou aux objets du quotidien afin de le faire sourire et de l'émouvoir ; la tâche ingrate sera un peu plus attrayante : « Hello, c'est moi, ta chaussure gauche ! J'ai bien envie d'aller me promener avec ton pied... Ah oui ! mais si tu m'emmènes, il ne faudrait pas abandonner ma sœur jumelle. Tu peux demander à ton pied droit s'il peut la prendre sur son dos ? » ou encore : « Coucou, je suis ta brosse à dents, cela fait longtemps que je ne t'ai pas vu ! ».

Déclenchez la machine à bisous

Au lieu de lancer une menace que vous risquez d'appliquer et de regretter ensuite, menacez votre enfant de déclencher la machine à bisous !

Faites tourner la roue des activités

Fabriquez avec votre enfant une roue des activités : découpez dans un carton un disque sur lequel vous représentez plusieurs parts colorées, comme lorsque vous coupez un camembert. Chaque part correspond à une situation, par exemple : « goûter »,

« jeu », « bain », « repas », « histoire », « dodo ». Au centre du camembert, percez un trou et fixez dedans, à l'aide d'une attache parisienne, une flèche que vous aurez dessinée dans un carton de couleur et que vous ferez tourner comme l'aiguille d'une montre. Lorsque vous demandez à l'enfant « Que fait-on après le jeu ? », vous lui présentez la roue des activités et c'est lui qui fait tourner l'aiguille (vers l'activité « bain », par exemple).

Affichez les règles

Les règles de vie doivent être claires, comprises, écrites et répétées ensemble. Une règle précise le comportement attendu dans une situation donnée, ce qui est acceptable et ce qui ne l'est pas. Les règles sont les grands piliers de la parentalité engagée. Révisez-les souvent ensemble. Suite à l'établissement de vos règles maison (voir encadré p. 118), listez les points qui ne souffriront aucune négociation et choisissez-en quelques-unes qui pourront subir de petits écarts de temps en temps.
N'hésitez pas à faire un rappel à la règle quand c'est nécessaire.

EXEMPLE DE RÈGLES À LA MAISON

- **Les règles**

— S'exprimer avec courtoisie.
— Respecter les besoins des autres.
— Demander la permission à son propriétaire avant de prendre quelque chose qui ne m'appartient pas et prendre soin de ce qui m'a été prêté.
— Ranger ce que j'ai dérangé.
— Participer aux tâches ménagères en accomplissant celles qui m'incombent et qui sont affichées sur la porte de ma chambre.

- **Mes droits**

— Rire, jouer, chanter, danser, être en colère, être triste, pleurer.
— Me tromper.
— Être moi-même.
— Être fier de moi.
— Expérimenter de nouvelles choses.
— Faire ce que j'aime.
— Faire de mon mieux.

- **Nos valeurs**

Joie de vivre, compassion, respect, tolérance, générosité, honnêteté, courage, persévérance.

L'avis du professionnel, Serge Lebon

Communiquer avec un enfant est indispensable pour son développement. Sans échange, pas de stimulation, sans stimulation pas de développement cognitif. Pensez à utiliser un langage simple et non infantilisant, votre message n'en sera que plus efficace.

6

Des jeux et des rituels

Le jeu est un puissant vecteur éducatif : à utiliser sans modération !

Par le jeu vous allez signifier à votre enfant (sans le lui dire avec des mots) : « Je suis là pour toi, tu peux me faire confiance. » C'est un message capital qu'il va falloir répéter. Les jeux à faire avec votre enfant sont de nature variée – jeux de construction, jeux de société, jeux de plein air, activités manuelles, artistiques, sportives, etc. – et il est bien évident que vous n'allez pas forcément tout faire. Vous privilégierez un type d'activité ludique selon les goûts de votre enfant et les vôtres et en fonction du temps dont vous disposez. Et ce qu'il fera avec vous, il ne le fera peut-être pas avec sa maman, et inversement. Votre enfant sera sans doute très content de partager certaines activités avec chacun d'entre vous, cela crée une complicité qui renforce les liens tissés de part et d'autre.

L'activité peut être très courte, car pris dans le rythme effréné du quotidien, vous n'allez pas vous lancer tous les soirs dans une partie de Monopoly junior®! Mais accorder chaque soir cinq ou dix minutes de temps exclusif à chacun de ses enfants est particulièrement bénéfique pour leur équilibre psycho-émotionnel car cela leur permet de remplir leur réservoir affectif (voir encadré p. 65-67). Le temps exclusif est d'autant plus important s'il y a une grande différence d'âge entre vos enfants, car ils n'ont alors pas les mêmes centres d'intérêt ni les mêmes capacités.

Ce temps exclusif n'est d'ailleurs pas réservé aux enfants, loin de là! Au sein de votre couple, efforcez-vous de vous accorder des moments de loisirs seul, avec votre conjointe ou avec d'autres adultes. Le temps pour vous dans le couple est l'essence dans le moteur de l'amour. Or *jeunes parents* est synonyme de *nouveau couple :* il est donc vital pour préserver l'harmonie de votre couple, de ne pas vous laisser happer complètement par les soins et l'attention que réclame votre enfant. Pensez l'un à l'autre, en tant qu'homme et femme, et pas uniquement en tant que père et mère, gardez du temps pour vous, continuez à vous accorder de l'attention mutuelle et à vous séduire. Si vous avez la chance d'avoir à proximité de chez vous des parents ou des beaux-parents en bonne santé et partants pour s'occuper de leurs petits-enfants, ne négligez pas cette ressource ! Sinon, les amis proches, parrains, marraines ou baby-sitters peuvent vous procurer ces moments primordiaux.

Bien entendu, le temps exclusif avec vos enfants sera complété par des moments en famille : se retrouver parfois tous ensemble pour faire une balade en vélo ou en trottinette ou s'asseoir autour de la table pour jouer au Mikado ou au Dobble est source de plaisir partagé. Autant de souvenirs qui s'inscrivent durablement dans l'esprit de vos enfants.

En outre, le jeu, parce qu'il fait appel à l'exemple, est un puissant vecteur d'apprentissage. Si l'enfant est dans le refus, proposez-lui un jeu sous forme de défi : « Le premier qui... » ; ou un jeu de rôles : « Désormais tu seras le chef de... ». L'enfant va « tomber dans l'embuscade » ! Vos demandes à venir n'en seront que mieux entendues. Il s'agit ici de se servir du jeu comme d'un levier pour éviter de s'user à force de répéter une demande que l'on adresse à l'enfant. Le jeu permet de sortir du cadre de la forme tout en restant dans le cadre du fond. L'objectif de ces techniques astucieuses est d'amener l'enfant à faire ce qu'on a envie qu'il fasse mais en formulant la demande avec simplicité, d'une manière moins conventionnelle et surtout plus ludique : en agissant ainsi, vous venez le chercher sur son terrain (de jeu !) et il n'a alors pas le sentiment de subir, d'obéir à un ordre venu d'en haut, de juste « faire pour faire ».

L'enfant aime apprendre et va toujours vers ce qui lui offre l'opportunité d'apprendre.

En conclusion, puisqu'il est indubitable que le jeu est essentiel pour l'enfant, alors, allez-y, jouez le jeu !

L'AVIS DU PROFESSIONNEL,
SERGE LEBON

Le jeu est un moyen d'échange, de communication, de stimulation et de libération du stress accumulé. Je recommande de jouer tous les jours avec son enfant. Même si vous n'avez que cinq minutes à accorder pleinement à votre enfant, ces minutes-là peuvent faire toute la différence dans votre relation.

JOUER, UN BESOIN VITAL

Le jeu fait partie des besoins fondamentaux de l'enfant. Il rend heureux : en jouant, l'enfant sécrète de l'ocytocine. Cette hormone anti-stress, en ralentissant l'activité de l'amygdale cérébrale, favorise le développement de la confiance envers les autres et libère des endorphines, qui procurent une sensation de bien-être, voire d'euphorie. Outre le fait de déclencher le rire et la joie, le jeu permet à l'enfant, à différents stades de son développement, de bouger, d'apprendre, de faire des découvertes sur soi, sur les autres, sur son environnement. Le jeu, c'est l'occasion d'acquérir des habiletés, de réfléchir, d'accepter des contraintes et des règles, de se socialiser.

Jouer avec son bébé

Jouez avec votre bébé : faites-lui des papouilles sur le ventre, jouez à la petite bête qui monte, jouez à faire coucou, faites les marionnettes avec vos doigts, etc. Tous ces moments où vous faites rire votre bébé sont bénéfiques pour lui comme pour vous.

Jouer avec son tout-petit

Le tout-petit met les objets à sa bouche pour les appréhender. Il s'amuse à empiler des cubes et à les faire tomber. Et il va recommencer plusieurs fois : en répétant ces actions, il comprend qu'il peut exercer un pouvoir sur les objets, ce qui renforce sa confiance en lui et l'aide à décrypter son environnement. Jouer avec les objets lui permet d'explorer le monde. Autre activité ludique, l'enfant aime chahuter, se rouler par terre sur le tapis du salon. Ne l'en empêchez pas ! Au contraire, jouez à la bagarre avec lui gentiment : il adore ça et, là encore, ces jeux de lutte en contact avec vous lui font du bien.

Faire des jeux de plein air

Les jeux d'extérieur servent d'exutoire : votre enfant en a bien besoin, car bouger est vital pour lui ! Il va développer sa motricité globale avec des activités telles que le tricycle, la draisienne, la trottinette, le vélo, la course, les jeux de ballon ou de cache-cache : →

autant de moments précieux qui sont l'occasion d'acquérir des savoir-faire techniques. L'enfant apprend, échoue, tombe, recommence et, sous vos encouragements, il finit par y arriver ! Alors sa fierté et son sourire font plaisir à voir ! Grâce à ces jeux, il apprend aussi la socialisation : quel petit de 2 ans ne s'est pas rué sur son ballon en pleurant, le serrant farouchement contre son cœur, parce qu'un autre enfant osait shooter dedans ? Il fait ainsi le difficile apprentissage du jeu à plusieurs, de la notion de « chacun son tour » et du partage.

Jouer à faire semblant

Vers l'âge de 4 ou 5 ans, l'enfant joue à faire semblant : il met vos chaussures à ses pieds, enfile votre veste, se coiffe de votre casquette et s'avance vers vous en traînant ses savates de géant ? Il est dans l'imitation – « Je suis papa ! » – et il fait le clown : il découvre ainsi l'humour, le second degré. Ou alors, s'emparant de votre vieille calculatrice, il se la colle sur l'oreille et dit « Allô ? » : en imitant ainsi les faits et gestes des adultes, il montre qu'il a réfléchi sur ce qu'il voit autour de lui, qu'il digère ces informations et qu'il comprend son environnement. Et de surcroît, il vous fait rire, voilà de quoi doper sa confiance en lui !

Faire des jeux de société ou une activité artistique

Avec les jeux de société, l'enfant doit intégrer des règles précises. Ce n'est pas toujours facile au début et il peut être tenté de les réécrire à sa manière. N'essayez pas de lui imposer tout de suite les règles, voyez comment il cherche à se les approprier et, petit à petit, il va comprendre l'intérêt de les respecter. Et surtout, prenez plaisir à jouer avec lui, ne le faites pas à contrecœur ou par obligation, car l'enfant le sentirait et la partie de dominos risquerait fort de virer au drame. Si vous n'aimez pas tel ou tel jeu, voyez si vous pouvez laisser votre conjointe s'en charger et partager avec votre enfant d'autres activités ludiques où vous vous sentirez sincèrement impliqué. Peut-être préférerez-vous le plaisir de la création lors d'un loisir artistique ? En créant des formes en pâte à modeler, en gribouillant, en faisant de la peinture, en construisant un château avec ses Kapla®, etc., il donne libre cours à son imagination et développe sa motricité fine.

Pratiquer une activité sportive

Autre type de jeu propice à l'intégration de règles, les activités sportives, pratiquées en famille, entre copains, à l'école ou en club. Elles l'amènent à réfléchir, à échafauder des stratégies, à résoudre des problèmes. Les sports individuels vont l'aider à développer le goût de l'effort, la persévérance, l'envie de se surpasser. Quant aux sports collectifs, ils lui permettent d'avoir l'esprit d'équipe. Les jours de matchs, ce n'est pas seulement la compétition elle-même qui intéresse l'enfant, c'est ce qui l'entoure : le trajet avec les copains pour se rendre sur le lieu du match, la connivence entre coéquipiers, le goûter partagé ensuite avec l'équipe adverse, autant de bons moments au cours desquels l'enfant éprouve du plaisir et un fort sentiment d'appartenance, essentiel pour sa maturation psychique. Et dans un sport où →

l'on affronte un adversaire, il n'est pas indispensable de mettre l'accent sur l'aspect compétitif si l'enfant ne le vit pas très bien: mieux vaut alors privilégier le jeu coopératif car chacun contribue ainsi à la réussite du groupe et cela génère un plaisir beaucoup plus intense et sain que de gagner chacun contre l'autre.

L'enfant n'a pas la capacité de comprendre bon nombre de choses avant l'âge de 5 ou 6 ans. De ce fait, il est bon, d'une part, de lui créer un contexte rassurant de manière à développer son sentiment de sécurité intérieure, qui est la base de sa confiance en lui et, d'autre part, de faire grandir ce lien de confiance avec celui du couple qui sera sa figure d'attachement (voir encadré p. 44), c'est-à-dire le parent sur lequel l'enfant déversera toute son énergie, positive ou négative.

Il est très important de fournir un cadre répétitif à l'enfant: il adore ça! En effet, il connaît les étapes à suivre, avoir un cadre le rassure, et il va faire ce qu'on lui demande avec plus de facilité.

Mais attention! Il ne faut pas confondre une suite d'actions inscrites dans le temps et une suite d'actions inscrites dans la logique d'un rituel. Le temps, comme l'espace, est une notion que l'enfant ne commence à comprendre qu'à partir de 6 ou 8 ans. Avant cet âge, il ne sert à rien de lui dire que l'on est pressé ou en retard, car ce ne sera pas perçu comme un argument qui lui fera accélérer sa démarche. Ce n'est pas l'argument temps qui génère l'action à entreprendre mais le fait que celle-ci ait été précédée d'une autre action bien précise et connue de l'enfant parce qu'elle fait partie d'une succession d'actions constituant le rituel. Ainsi, ce n'est pas parce qu'il est l'heure d'aller à l'école que l'enfant va accepter de mettre ses chaussures, c'est parce que l'action de « mettre ses chaussures » se déroule juste après l'action « mettre son manteau ». C'est une logique de conséquence, non une logique temporelle. Le rituel est un enchaînement d'actions qui permet de donner du sens à ce qui n'en a pas forcément de prime abord et qui évite de présenter la finalité de manière brute et repoussante.

Les rituels sont particulièrement importants pour les enfants, car ceux-ci n'aiment pas les changements, lesquels sont synonymes de stress. Soyez souples : vous-même, vous ne mangez pas toujours à la même heure et vous mangez, le plus souvent, ce qui vous inspire, ce qui aiguise votre appétit. Les enfants mangent quand leur corps le réclame et dorment aussi quand ce dernier envoie les signaux. Si vous dites à votre enfant : « Allez ! Au lit ! », avouez que cette demande formulée sous forme d'ordre ne donne guère envie d'aller se coucher. Mais si vous présentez les choses ainsi : « Margot, après le dîner, c'est le pipi, les mains, les dents, une histoire, un gros câlin, plein de beaux rêves sous l'oreiller, la poudre du sommeil, et le dodo ! », le programme est nettement plus alléchant, n'est-ce pas ? Vous pouvez en outre utiliser une « roue des activités » (voir p. 116).

L'AVIS DU PROFESSIONNEL,
SERGE LEBON

Contribuant au bon équilibre de l'enfant, les rituels l'aident à appréhender son quotidien : il comprend d'avance ce qui va se passer et cela réduit énormément les effets du stress.

7

Les émotions

Un enfant, c'est la joie de vivre sans aucun filtre… Et sa colère n'en a pas non plus !

Les émotions fondamentales sont au nombre de six[30] : la joie, la tristesse, la peur, la colère, la surprise et le dégoût, chacune d'elles pouvant s'exprimer par le biais d'une palette de sentiments nuancés. La joie

30. Nous reprenons ici la liste des émotions de base du psychologue américain Paul Ekman, dont les travaux ont mis en évidence que les expressions du visage sont universelles (identiques dans n'importe quelle culture) et sont, de ce fait, déterminées par la biologie et non par la culture. D'autres chercheurs limitent à quatre le nombre d'émotions fondamentales – joie, tristesse, peur, colère –, le dégoût se rapprochant de la colère et la surprise de la peur.

se décline en satisfaction, gaieté, excitation, etc. ; la tristesse englobe notamment les sentiments d'accablement, de morosité, d'amertume ; la peur va de l'inquiétude à la terreur en passant par l'anxiété ; et la colère qui peut naître d'un simple agacement peut aussi aller jusqu'à la fureur et la violence.

Nous avons besoin d'être connectés à nos émotions pour être en harmonie avec nous-mêmes. Or, jusqu'à 5 ou 6 ans, l'enfant ne peut pas encore nommer, donc identifier ses émotions. En mettant un nom sur ce que l'enfant ressent, l'adulte réduit l'intensité émotionnelle, ce qui a un effet apaisant sur son cerveau et l'aide à retrouver son calme.

Pour parler à votre enfant submergé par une émotion, mettez-vous à sa hauteur, les yeux dans les yeux. Commencez par identifier l'émotion. Ce n'est pas toujours ce que l'on croit : par exemple, un enfant qui a fait une petite chute sans gravité et qui crie est probablement envahi par la peur et non la douleur.

Jusqu'à l'âge de 5 ans environ, dominé par son cerveau archaïque (voir encadrés p. 90 et p. 94-95), votre enfant est traversé par des cyclones émotionnels d'une grande intensité sur lesquels il n'a aucun pouvoir d'action. En venant l'apaiser lorsqu'il est en pleurs ou en colère, vous l'aidez à développer des connexions essentielles entre son néocortex, son cerveau archaïque et son cerveau émotionnel. Votre comportement envers votre enfant construit une sorte de maison virtuelle dans laquelle il va habiter plus tard. Autant lui laisser un palace plutôt qu'une cabane, non ?

Si vous laissez votre jeune enfant se débrouiller seul avec une émotion violente – « Va dans ta chambre, tu reviendras quand tu seras calmé ! » –, sous l'effet du stress engendré par l'émotion, son organisme va produire des hormones, le cortisol et l'adrénaline, qui peuvent avoir sur son cerveau malléable des effets désastreux (voir encadré p. 134). Lorsque votre enfant est sous l'emprise de la colère ou d'une peur irrationnelle que vous jugez exagérée, la tentation peut être grande de l'envoyer se calmer dans son coin parce que vos propres nerfs sont mis à rude épreuve. Mais ne le laissez pas seul trop longtemps : il n'a pas les moyens de sortir par lui-même de cette situation désagréable. Au bout de quelques instants, venez le voir, prenez-le dans vos bras et parlez-lui calmement, remplissez son réservoir d'amour. Respirez lentement et profondément : bien souvent, en se serrant contre vous, l'enfant va accorder sa respiration à la vôtre et ce sera déjà un premier pas vers la sortie de crise : les sanglots et les hoquets diminuent et la tempête petit à petit s'apaise.

« LES MÉCANISMES DE LA PEUR DANS LE CERVEAU DE L'ENFANT »[31]

« Sous l'effet du stress, de la peur, l'amygdale, mature dès la naissance, déclenche la sécrétion des molécules de stress : cortisol, adrénaline, qui en quantité importante peuvent être très toxiques pour le cerveau immature. Les adultes possèdent les structrures cérébrales leur permettant d'analyser ce qui leur fait peur, de prendre du recul et ainsi de se calmer ou d'agir. Chez le petit enfant, ces structures cérébrales ne sont pas encore fonctionnelles, ainsi les peurs sont fréquentes et se transforment parfois en véritables paniques. Ce n'est pas de la comédie !

« Les vécus de peur de la petite enfance restent fixés, mémorisés inconsciemment et à vie dans l'amygdale cérébrale et continuent à agir à l'âge adulte. Nous avons oublié ces moments de grande peur, car l'hippocampe, structure cérébrale nous permettant d'avoir des souvenirs conscients n'est pas fonctionnelle avant 3-5 ans, ce qui explique l'absence de souvenirs de la toute petite enfance. »

---

31. Voir GUEGUEN (Catherine), *Vivre heureux avec son enfant - Un nouveau regard sur l'éducation au quotidien grâce aux neurosciences affectives,* Pocket 2017, p. 95 (1re éd. Robert Laffont, 2015).

Comprendre et maîtriser ses émotions constitue le socle du bien-être et de l'épanouissement de l'être. C'est sur ce socle que se construit l'estime de soi, qui va permettre à l'enfant, en devenant adulte, de se respecter lui-même et de traiter les autres avec respect. Votre rôle de parent est donc absolument primordial pour le bon développement, actuel et futur, de votre enfant. Vous devez être le guide du panel de ses émotions si vous souhaitez voir votre enfant les maîtriser rapidement et faire de lui un adulte apaisé. L'énergie, l'enthousiasme et la créativité, voilà ce qui caractérise les enfants ! Puissent-ils rester ainsi à l'âge adulte !

> **Un parent doit être le stéthoscope et le porte-voix des émotions de l'enfant : écouter son cœur et verbaliser ses émotions.**

Évitez de nier ou de minimiser l'émotion de votre enfant, car vous risqueriez de le priver d'une connexion intérieure qui va l'aider à grandir. Nier l'émotion équivaudrait à lui dire : « Je n'accorde pas d'importance à ta personne », ce qui est vraiment destructeur. Au contraire, prenez réellement en compte cette émotion.

N'allez pas croire pas que votre enfant le fait exprès pour vous faire craquer et vous forcer à aller dans son sens. Souvent, cette idée sous-jacente vous trotte dans la tête et vous pousse à agir de manière inappropriée. Votre enfant est juste «coincé» car il est incapable de contrôler l'expression de la vive émotion qui le submerge. Il y parviendra de mieux en mieux en grandissant mais, en attendant, il faut «tenir bon» jusqu'au palier des 5 ou 6 ans.

Ce que l'on appelle communément un caprice n'est en réalité que l'expression confuse d'une émotion impétueuse, pétulante et exubérante que votre enfant ne peut pas encore contrôler. Tel un iceberg, cette émotion est la manifestation apparente d'un besoin profond, insatisfait, que l'enfant n'a pas la capacité d'identifier clairement et encore moins de verbaliser. Et ce besoin insatisfait met son cerveau sous tension et le pousse à l'exprimer de manière enflammée et désorganisée. C'est à vous de lancer les recherches, de plonger dans la mer des besoins de l'enfant, pour identifier le manque et apporter la réponse adéquate qui va le combler. Car le besoin à satisfaire ici, ce n'est pas manger le bonbon que l'enfant vous a réclamé et que vous lui avez refusé, élément déclencheur de sa colère. Il s'agit d'un besoin fondamental: s'affirmer, se sentir aimé, se sentir compris, avoir la liberté de choisir, etc. (voir encadré p. 164).

Ce n'est pas facile car, poussé par votre instinct, il se peut que, sous l'effet du stress généré par cette violente manifestation émotionnelle qui vous semble disproportionnée et difficile à supporter, vous vous sentiez agressé. Vous allez alors chercher à étouffer cette manifestation exacerbée. Mais ne pas apporter la réponse appropriée, c'est négliger le besoin de l'enfant, et cela revient à renforcer ce comportement excessif qui nous exaspère. Un enfant insupportable est un enfant qui a un désir d'aide pour répondre à son besoin insatisfait. Plus vous le guiderez aujourd'hui, plus il sera à même de réaliser plus tard cette opération par lui-même.

Il est donc inutile dans ces moments-là de brandir la menace d'une punition. Si malgré votre avertissement votre enfant continue à hurler, c'est normal ! En le punissant, vous croyez sans doute qu'il est capable de comprendre le rapport de cause à effet. Or c'est beaucoup trop tôt, son cerveau n'a pas encore les connexions adéquates. L'enfant vit dans le présent, et uniquement dans le présent. Il lui est donc impossible de saisir qu'un acte à l'instant T aura une conséquence à l'instant T+1. Et de plus, submergé par l'émotion, il ne vous entend pas !

En revanche, en câlinant votre enfant lorsqu'il est traversé par une émotion très vive, vous participerez à la maturation de son cerveau. Les innombrables cellules de son cerveau supérieur vont établir des connexions avec les cellules de son cerveau émotionnel et ainsi progressivement ces ponts de communication entre le cerveau supérieur et le cerveau émotionnel lui permettront de contrôler instinctivement ces états primitifs de peur ou de colère.

Gardez aussi en tête, dans ces moments difficiles (pour tout le monde certes mais pour l'enfant en premier) qu'avec les enfants tout est une question de période et que cette étape est déjà le signe qu'une autre se prépare… L'empathie et les câlins sont des piliers pour aider l'enfant à traverser ses émotions : ils contribuent à atténuer les effets de l'amygdale, ce petit guetteur toujours à l'affût du moindre danger, qui sonnait le branle-bas de combat dans son cerveau mais qui, « rassuré » par vos gestes et vos paroles apaisantes, va se retirer dans sa guérite et battre le rappel, favorisant ainsi le retour au calme.

L'AVIS DU PROFESSIONNEL,
SERGE LEBON

Toutes les émotions de l'enfant méritent d'être entendues, verbalisées et prises en considération. C'est ainsi que vous pourrez l'accompagner, l'aider à grandir.

ASTUCES POUR NE PLUS CRIER SUR VOTRE ENFANT

Gardez du temps pour vous

Apprenez à gérer vos propres émotions en commençant par prendre soin de vous : si avant d'être père vous aviez l'habitude de passer vos dimanches entiers à faire du dessin, des matchs de volley ou des parties de pétanque avec les copains, ne lâchez pas complètement cette activité ; réduisez le temps que vous y consacrez, mais gardez ce temps pour vous, il est nécessaire pour votre équilibre émotionnel. Cela ne pourra qu'améliorer la qualité de vos relations au sein de la famille. Et bien sûr, encouragez votre conjointe à faire de même en restant seul avec votre enfant pendant qu'elle sort de son côté.

Exprimez votre amour
Dites à votre enfant que votre amour est inconditionnel, peu importe la force de sa colère.

Écrivez vos engagements
Engagez-vous oralement auprès de votre famille à ne plus crier. Notez par écrit cet engagement et affichez le papier à un endroit bien visible, par exemple sur le frigo.

Dissociez vos propos et l'expression de votre colère
Râlez un bon coup dans votre coin mais agissez ensuite avec douceur avec votre enfant.

Pensez aux bons moments
Regardez une photo de lui bébé et remémorez-vous les multiples petits bonheurs que votre enfant vous a donnés ces dernières 24 heures, cela va vous apaiser.

Relativisez
Demandez-vous si la situation qui est en train de se dérouler est vraiment grave.

Passez le relais
Si vous n'en pouvez vraiment plus et que votre conjointe a encore de la ressource, demandez-lui de prendre le relais.

Demandez-lui un câlin
S'il refuse votre proposition de câlin, dites-lui que c'est vous qui avez besoin d'un câlin. Il y a de fortes chances pour qu'il vous ouvre ses bras… et l'ocytocine fera le reste !

Et surtout, n'oubliez pas que les enfants ne peuvent pas agir autrement que comme des enfants !

8

Pleurs et cris : la manifestation des émotions

Être parent, c'est aider son enfant à réguler ses colères en favorisant leur expulsion

Les pleurs prolongés d'un bébé peuvent entraîner des violences de la part d'un adulte exaspéré. De nombreux nourrissons sont victimes du syndrome du bébé secoué dont les conséquences sont irréversibles et beaucoup d'enfants prennent des fessées à cause de leurs cris et leurs pleurs, difficiles à supporter. Ces actes relèvent des violences éducatives ordinaires (voir encadré p. 61-62).

Or, plus l'enfant est en colère, plus il a besoin de vous. Malheureusement, ses hurlements[32] vous donnent envie de réagir à l'inverse et de le fuir ; ils peuvent aussi générer chez vous un sentiment d'impuissance, d'incapacité à apaiser la tempête qui se déchaîne sous son crâne et à ramener votre enfant en eau calme. Ou alors, tout au moins, vous voudriez qu'il cesse de crier avant d'aller le réconforter. Or c'est le contraire : c'est votre contact et votre proximité qui peuvent vraiment l'apaiser.

> **« Il faut réconforter systématiquement un enfant qui pleure : il pleurera moins à l'avenir. »**

Ne tombez pas dans le (hélas) célèbre « Arrête tes caprices, avec moi, ça ne marchera pas ! » car ce ne sont pas des caprices ! N'attendez pas qu'il ait fini de pleurer pour le serrer contre vous ! Au contraire, prenez-le dans vos bras, tout simplement, et laissez-le pleurer à satiété (ce faisant, il recharge son réservoir affectif), il va finir par s'apaiser et les pleurs vont s'arrêter. Pleurer est libérateur, cela élimine les toxines. Les pleurs de décharge, imputables aux émotions et aux frustrations, permettent

32. On parle des pleurs du bébé. Or, bien souvent, ce dernier n'a pas de larmes, cela s'apparente donc plus à des cris qu'à des pleurs.

à l'enfant de se débarrasser des molécules de cortisol et d'adrénaline qui sont déversées par l'amygdale pendant la crise et qui peuvent être très toxiques pour son cerveau immature (voir encadré p. 92). Ne pas répondre aux besoins fondamentaux de l'enfant perturbe donc la construction de son cerveau.

Comme je l'ai déjà mentionné, lorsque qu'il se sent en danger ou qu'un besoin fondamental n'est pas satisfait, l'enfant, sous l'effet du stress, dominé par son cerveau archaïque et son cerveau émotionnel, réagit instinctivement par l'attaque (mordre, crier, frapper, pleurer), la sidération ou la fuite. C'est un mécanisme instinctif de survie de sur-réactivité ou de sous-réactivité. Le néocortex ne fonctionne pas encore (voir encadré p. 94-95). Or c'est là que se trouvent le cortex cérébral et le cortex orbito-frontal qui entrent en jeu dans les processus permettant de trouver une solution – analyser la situation, réfléchir, prendre du recul et décider.

Si votre enfant a des comportements émotionnels aussi explosifs (et le mot est faible, surtout vers 4 ans), c'est parce que son cerveau supérieur (néocortex), n'est pas bien connecté avec son cerveau émotionnel : l'enfant ne parvient pas à contrôler ses réactions primitives de peur ou de colère. Il n'est donc pas en train de jouer la comédie ou de vous manipuler pour vous faire céder. Ne tombons pas dans le piège qu'est l'adultomorphisme (voir encadré p. 59-60).

En témoignant à votre enfant de l'empathie (percevoir son cercle de référence intérieure) et de la bienveillance (savoir dire non quand c'est nécessaire, mais avec une voix douce), vous l'aidez à développer les connexions entre ces trois parties du cerveau, et donc à être plus en phase avec ses émotions, en harmonie avec lui-même. Le bénéfice est total : plus vous allez materner votre enfant, plus son cerveau va se développer ; et le maternage – ou devrais-je dire « paternage » ? – vous fait du bien à vous aussi : il vous apaise et vous permet de gérer vos propres émotions de façon à ne plus agir sous le coup de l'impulsion.

En acceptant ces sentiments de grosse colère de votre enfant – « Je vois que tu es en colère… Tu as raison… Je comprends ta colère » – vous lui enseignez que la connexion qui existe entre vous est plus forte que sa colère, autrement dit vous affirmez que le lien d'amour qui vous unis est plus fort que tout. C'est un message à très haute valeur ajoutée ! Votre enfant ne doit pas sentir qu'il est obligé de refouler ses sentiments par peur de votre réaction. S'il le fait, ce sera au détriment de sa santé émotionnelle et de sa relation future avec vous car le mécanisme de construction de l'attachement sera mis à mal et sa sérénité intérieure vacillera.

Votre cadre éducatif a deux fonctions : sécuriser votre enfant et satisfaire ses besoins fondamentaux psychologiques et physiologiques. Gardez cette idée en tête pour délimiter votre propre champ d'action : ce n'est pas parce que vous êtes parent que votre enfant vous appartient et que tout est permis.

Attention ce que l'on prend pour de la colère est souvent du stress : quand l'enfant fait une crise, il subit une décharge de stress qui est elle-même synonyme d'attaque. Un enfant saturé de stimuli pourra très bien faire une grosse colère car son cerveau sous stress le pousse à attaquer. Il faut tenter d'identifier s'il s'agit d'une vraie colère ou d'une réaction au stress. Par exemple, à l'issue d'une belle journée passée ensemble dans un parc d'attraction, votre enfant pourra avoir deux réactions très différentes :

– soit il crie, parce que la fatigue de son cerveau qui travaille, suite à cette accumulation d'émotions intenses, le submerge et l'empêche de ranger calmement dans sa tête les images et les informations engrangées pendant la journée ;

– soit il s'endort. En ce cas, c'est le sommeil qui lui permet de faire le tri dans toute cette masse de souvenirs.

Retenez aussi que les changements sont difficiles pour un enfant. Parfois même, passer d'une pièce à l'autre de la maison est source de stress pour les petits. Aussi, afin d'aider votre enfant à passer d'une étape à une autre, expliquez-lui en amont ce qui va se dérouler, présentez-lui les choses sous un format attractif et ludique, voire utilisez un Time-Timer, cette sorte de minuteur qui permet de matérialiser le temps par une représentation visuelle[33].

---

33. Voir note 29 p. 106.

ASTUCES POUR CALMER LES TEMPÊTES ÉMOTIONNELLES

Ne criez pas !

Pendant la crise, ne criez pas : l'enfant ne vous entendra pas !

Temporisez

Si vous ne trouvez pas immédiatement la bonne clé pour débloquer la situation, patientez un quart d'heure, c'est en moyenne le temps nécessaire pour un retour au calme.

Évacuez d'abord votre propre agacement

Pour éviter de crier sur l'enfant, poussez votre protestation seul dans votre coin (en veillant à ne pas être entendu de votre enfant), puis dites-lui : « Oui, mon chéri ? Tu m'as appelé » ?

Ne laissez pas votre enfant seul trop longtemps

N'isolez pas votre enfant en lui lançant « Va dans ta chambre et réfléchis à ce que tu as fait ! » : l'isolement renforce la tristesse, la rancœur, l'enfant n'a pas le cerveau suffisamment mature pour prendre du recul et se dire « Oui, là j'ai vraiment exagéré, il faut que je me ressaisisse pour la prochaine fois ! ».

Désamorcez la colère, faites place à la tendresse

Pour essayer de désamorcer l'émotion et la colère qui vous submergent et vous retrouver rapidement aux pieds d'une montagne de tendresse :

– remémorez-vous sa naissance ou le mot que vous lui avez peut-être écrit lorsqu'il est né ;
– regardez une photo de lui lorsqu'il était bébé ;
– remémorez-vous les récents instants magiques vécus ensemble ;
– pensez à l'adulte en devenir qui est en lui.

Privilégiez le contact physique
Prenez-le dans vos bras pour l'aider à évacuer son stress.

Écoutez votre enfant
Répondez aux émotions et aux besoins de votre enfant, vous instaurez ainsi un lien de confiance : il se sent autorisé à s'exprimer et à extérioriser son ressenti, ce qui est très positif.

L'AVIS DU PROFESSIONNEL, SERGE LEBON

« Les pleurs font partie du quotidien de la vie du bébé et du petit entant. Un enfant plus âgé a toujours recours aux pleurs pour exprimer un besoin, il nous faut l'écouter et le rassurer afin de l'aider à comprendre ce qu'il vit. »

9

Colères et frustrations

Le comportement de l'enfant est un message, la communication bienveillante est le canal de diffusion le plus efficace pour entendre ce message et y répondre.

La colère est une réaction déclenchée par un événement, réel ou imaginaire, qui évoque l'injustice, le danger ou la menace. Cette émotion est utile et légitime. Elle nous sert à restaurer notre intégrité, à défendre notre espace, à nous affirmer. Il est très difficile d'informer de l'objet de notre colère sans agresser la personne sur qui elle se déverse : figée par notre colère, cette personne reçoit notre message sans l'imprimer pour autant, c'est là le grand paradoxe de la colère. La forme du message prend le pas sur le fond, bloquant sa réception et rendant l'échange impossible.

La colère de votre enfant doit être entendue et respectée, même si le motif déclencheur vous semble futile. C'est le haut de l'iceberg: l'enfant réagit en toute bonne foi à ce qu'il considère comme une injustice. Ses colères ont des vertus:

– en s'opposant, il s'affirme, se construit. Il n'a pas d'autre solution pour s'en sortir puisque, rappelez-vous, son cerveau rationnel est totalement déconnecté. Ne lui demandez pas de se calmer, il ne le peut pas!

– par la colère, l'enfant manifeste son impuissance et se crée une bulle qui lui permet de rester au centre. La colère est un signe que votre enfant fera preuve de persistance dans le futur pour arriver à ses fins. Ne pas écouter sa colère déprécie fortement la relation.

LES OBJECTIFS MIRAGES SELON JANE NELSEN

Jane Nelsen (voir encadré p. 26) appelle « objectifs mirages »[34] les objectifs derrière lesquels se cachent les besoins fondamentaux insatisfaits et les fausses croyances de l'enfant. Celui-ci adopte alors un comportement pour atteindre l'objectif

34. Nelsen (Jane), Sabaté (Béatrice) (adaptation), *La discipline positive - En famille, à l'école, comment éduquer avec fermeté et bienveillance,* Marabout, 2014.

censé satisfaire le besoin. Mais l'objectif étant faux, le comportement est inapproprié. En décodant les besoins et le message de l'enfant, vous pourrez mettre fin aux comportements inappropriés.

1) Accaparer l'attention

Si l'attention se détourne de lui, l'enfant est irrité, agacé, inquiet. Il fait tout pour attirer votre attention, et en général, adopte un comportement que vous réprouvez : ainsi, il est sûr de vous faire revenir vers lui. Vous lui demandez d'arrêter. Mais il ne cesse pas.

Fausse croyance de l'enfant : « Je compte uniquement quand l'attention de mes parents est centrée sur moi. »

Message codé : « Remarquez-moi ! »

Réponse : rassurez votre enfant, impliquez-le dans des tâches à responsabilités communes lors de temps d'échange exclusifs, (faire la cuisine, ranger le linge). Les missions que l'on confie à un jeune enfant sont la plupart du temps bien acceptées car spontanément l'enfant aime aider, il est rempli d'empathie et de bienveillance naturelle. Valorisez ses efforts.

2) Prendre le pouvoir

S'il se sent défié, menacé, perdant, provoqué, il va avoir tendance à se montrer agressif car il veut prendre le pouvoir.

Fausse croyance de l'enfant : « Je n'ai un sentiment d'appartenance que quand je suis en position de force. »

→

Message codé : « Laissez-moi participer ! »
Réponse : proposez des choix limités, établissez un tableau des routines, faites un rappel de la règle, dites « nous » et non « tu ».

3) Prendre une revanche
L'enfant se sent déçu, dégoûté, blessé. Il riposte, entrant ainsi dans un cycle de revanche.
Fausse croyance de l'enfant : « Je souffre seul, je n'ai donc pas de sentiment d'appartenance, je veux partager cette souffrance en faisant souffrir l'autre. »
Message codé : « Aidez-moi, je souffre ! »
Réponse : aidez-le à verbaliser ses émotions (« Je vois que tu ... ».)

4) Conforter une croyance d'incapacité
L'enfant n'y arrive pas. Il n'éprouve pas de sentiment d'appartenance, ne se sent pas important et il abandonne. Se sentant impuissant, désarmé, incapable il se montre passif, se confortant dans une croyance d'incapacité.
Fausse croyance de l'enfant : « Je n'y arrive pas, je n'ai pas d'importance, je ne me sens pas capable, c'est impossible, j'abandonne. »
Message codé : « Aidez-moi, je n'y arrive pas ! »
Réponse : célébrez ses succès, valorisez ses progressions, faites avec lui, impliquez-le, sortez le « cahier des succès » (voir p. 156) que vous lui aurez préparé : effet garanti !

ASTUCES POUR DÉSAMORCER LA COLÈRE DE VOTRE ENFANT… ET LA VÔTRE !

Exprimez-vous différemment

Vous sentez que vous êtes à deux doigts de crier ? Chuchotez, chantez votre demande !

Usez et abusez du « je » !

Parler en utilisant le « tu » est une façon de coller une étiquette à l'enfant, de l'accuser. Ça le rabaisse. Pour éviter cela, au lieu de dire : « Tu as encore jeté tes affaires partout, tu exagères vraiment ! », dites : « Je ressens du mécontentement quand je te vois tout jeter n'importe où dans ta chambre, parce que j'ai besoin que les choses soient rangées. Je te demande de mettre tes jouets dans le coffre. »

Détournez son attention

En détournant l'attention de l'enfant, vous lui permettez de déconnecter son cerveau émotionnel : « Whaouh, qu'il est beau ton camion ! Je ne l'avais pas encore vu, celui-là ! »

Proposez-lui une activité ménagère tous les deux

Les enfants de 2 ans aiment beaucoup participer aux tâches domestiques ! Faites des crêpes, ils adorent ! Donnez-lui une balayette et une pelle et demandez-lui de vous aider à faire le ménage. Vous aider le met en valeur, ça lui donne de l'importance. Sans compter que le côté « faire ensemble » est très important pour l'enfant, c'est pour lui une opportunité d'avoir du temps exclusif avec vous (vous lui accordez l'attention qu'il attend et dont il a besoin). Prenez soin de décrire ses actions pour valoriser ses compétences et ainsi faire croître sa confiance en lui et son estime de soi.

Réaffirmez-lui votre amour

Lorsqu'il a un « mauvais » comportement, l'enfant croit immédiatement que l'amour que vous lui portez est remis en cause.

Dans ce cas-là, rassurez-le en réaffirmant votre amour : « Tu as le droit d'être en colère. Toi, je t'aime, mais c'est ton comportement que je n'aime pas ».

Soutenez-le

N'hésitez pas à lui dire : « Je peux t'aider ? Tu veux un câlin ? » Pensez au réservoir d'amour de votre enfant (voir encadré p. 59-60) qui est peut-être au plus bas à ce moment-là et qui a besoin d'être rempli en urgence. Un câlin, c'est se recharger en ocytocine, l'hormone de l'amour et du bien-être !

Proposez-lui de réparer

La réparation a des vertus pédagogiques puissantes. En effet, si l'on veut que l'enfant ne réitère pas un geste aux conséquences malheureuses, ce n'est pas la peine de le punir ou de lui faire du chantage : vous obtiendriez peut-être le même résultat (il ne réitère pas sa bêtise) mais il serait mû par un réflexe de peur. Il est plus efficace et intéressant à long terme de lui faire comprendre les tenants et les aboutissants de son acte. Pour ce faire, réparez avec lui : la leçon tirée de sa bêtise va s'engrammer dans son cerveau de manière à ce qu'il n'ait plus envie de recommencer. Au contraire, la punition n'invite pas à la réflexion mais nourrit plutôt un ressenti négatif, une colère intérieure, l'enfant pouvant garder de la rancœur. Or l'objectif est de le rendre acteur de son apprentissage. Vous pouvez même rejouer la scène en intégrant cette fois la règle attendue. En le responsabilisant, vous lui montrez que vous avez confiance en lui, il se sent valorisé.

Faites appel à son imagination

Pour aider votre enfant à gérer ses frustrations, incitez-le à se servir de son imagination. Il a fait tomber dans un caniveau très sale le bâton auquel il tient énormément et il est inenvisageable de le récupérer ? Dites-lui : « Imagine que là-bas, au coin de la rue, je trouve un bâton plus grand et plus beau que celui que tu viens de perdre dans le caniveau. Tu aimerais qu'il soit de quelle forme ? » Ou encore, il veut absolument un deuxième bonbon que vous ne voulez pas lui donner ? Répondez-lui : « Imagine qu'un paquet de bonbons énorme nous tombe du ciel... De quelle couleur aimerais-tu qu'ils soient, ces bonbons ? »

Accordez toujours de la légitimité à sa colère

Votre enfant a le droit d'être en colère car ses émotions ont leurs propres raisons. L'intention derrière cette colère est de défendre son espace, comme nous le faisons. Dites-lui : « Je comprends que tu sois en colère... » ou « Tu as le droit de ressentir cette colère... » ou « Je vois que tu es très en colère. Je t'écoute ».

Ayez recours au « coussin de la colère »
Vous aurez pris soin au préalable de choisir ensemble un de vos coussins, que vous appelez le coussin de la colère et qui est réservé à cet usage : quand votre enfant hurle de rage, dites-lui : « Tu as le droit de crier dans le coussin de la colère ».

Incitez-le à se rappeler les règles fixées ensemble en cas de crise
Posez-lui les questions : « Qu'avions-nous décidé ensemble ? Qu'as-tu le droit de faire quand tu es en colère ? » Ces questions vont commencer par attirer son attention vers autre chose et cela apaisera sa colère.

Faites-lui dessiner sa colère
Proposez à votre enfant une feuille et un feutre pour qu'il vous dessine sa colère. C'est une autre façon de l'extérioriser.

Exhibez le « cahier des succès »
Autre piste pour apaiser la colère de votre enfant : proposez-lui de consulter ensemble le cahier des succès que vous aurez confectionné au préalable. Dans ce cahier, vous aurez pris soin de consigner « ses premières fois », ses premières réussites : premiers

pas, premiers pâtés de sable au square, premiers tours de pédales à vélo, premiers tours en trottinette, première fois seul chez Papi et Mamie, premiers graphismes, premiers dessins sans dépasser, premier cadeau de la fête des pères, premier contact avec la mer, premières descentes en luge, première expérience sportive, etc. Montrez-lui aussi bien les photos de ses premières fois avec des ratés et celles de la même activité réussie : il verra ainsi que lors de cette expérience, il avait fait preuve de persévérance et de courage et qu'il peut utiliser cette qualité aujourd'hui pour réussir ce qu'il entreprend.
Voici ce que vous pouvez aussi lui dire : « Si on savait tout faire du premier coup, la vie ne serait sans doute pas très marrante, on s'ennuierait à ne jamais avoir à répéter pour apprendre, tu es d'accord ? » En général, il comprend et acquiesce. Apprendre, donc se tromper, c'est aussi l'occasion de rire de soi, de se détacher, de prendre de la hauteur, de considérer ces essais comme des paliers de rigolade avant l'arrivée qui correspond au succès.

Faites-lui retrouver le sourire

Votre enfant est grognon et vous ne parvenez pas à le dérider ? Cherchez ensemble le sourire : « Oh ! Regarde, je l'ai trouvé, il est là ! » Baissez-vous tous les deux et faites mine de ramasser le sourire et de le remettre sur vos lèvres.

Respirez profondément
Inspirez et expirez lentement et profondément puis proposez à votre enfant de vous imiter. Les exercices de respiration ont un effet apaisant.

Faites-lui boire un verre d'eau avec une paille.
Il est difficile pour le jeune l'enfant de se concentrer pour boire à la paille. L'effort requis par ce geste augmente ses capacités de contrôle.

Proposez-lui d'aller dehors
Un enfant doit être dehors environ 4 heures par jour pour courir, sauter, jouer au ballon, bref se dépenser : c'est un besoin vital chez lui. S'il ne peut satisfaire à l'intérieur son envie de bouger, alors il vous l'exprime maladroitement par un comportement exubérant, tel un chien fou, au risque de vous énerver. Si vous avez un jardin, proposez-lui de sortir, mais ouvrez la fenêtre de façon à l'avoir toujours à l'œil (ne sous-estimez pas sa capacité à partir en exploration au risque de se mettre en danger).

Faites sonner la clochette préventive
Vous sentez que vous allez bientôt craquer ? Évitez les menaces (« Arrête-toi... Une fois... Deux fois... Deux fois et demi... »). Ne craignez pas d'extérioriser vos émotions devant vos enfants et de leur signifier où est votre limite. Pour ce faire, utilisez une clochette pour prévenir que vous avez atteint votre limite. La clochette vous permet de vous exprimer donc de réduire l'intensité de votre émotion, d'être entendu

(vous suscitez la coopération) et d'être reproduit (vous montrez le bon exemple). Quand il sera plus grand, votre enfant pourra à son tour verbaliser sans agresser.

Passez la main

Vous n'y pensez pas forcément quand vous êtes sous l'emprise de la colère : mieux vaut parfois laisser tomber que de mal agir et le regretter ensuite. Sachez passer la main à votre conjointe, quand c'est possible.

N'essayez pas de faire de votre enfant un adulte avant l'heure, de brider son individualité émergente. Un cerveau immature, l'incapacité de satisfaire lui-même ses besoins, la force de l'instant présent, l'impossibilité de concevoir les rapports de cause à effet, tous ces paramètres font que les colères de votre enfant sont à la fois démesurées et compréhensibles. La colère est une force d'affirmation de soi nécessaire à sa construction psychique et à son avenir. Surtout, ne lui apprenez pas à la faire taire.

Et vous-même, lorsque vous n'obtenez pas ce que vous voulez, vous vous taisez systématiquement et vous acceptez tout ? Pouvez-vous sincèrement reprocher à votre enfant d'exprimer son refus, son intention de ne pas se laisser faire, de tout mettre en œuvre pour obtenir ce qu'il souhaite ? Nous ne pouvons pas exiger que notre enfant se soumette à toutes nos requêtes sans résister – même si sur le moment cela nous arrangerait bien – et, plus tard, s'offusquer de ce qu'il n'ose pas s'affirmer dans telle ou telle situation. Nous ne pouvons pas exiger que notre enfant soit déférent avec nous maintenant et opiniâtre avec les autres plus tard quand il n'obtiendra pas ce qu'il veut ! Soyez ambitieux : visez la coopération plutôt que l'obéissance. Bien sûr, susciter l'adhésion de votre enfant sera plus difficile et vous demandera beaucoup plus d'efforts et d'énergie que d'exiger sa stricte subordination. Mais le jeu en vaut la chandelle ! Un enfant sage, ça n'existe pas ! Si vous avez un enfant sage, inquiétez-vous dès à présent ! Il n'y a pas d'enfant sage, il y a un enfant qui respecte les consignes ou pas.

> **Prenez les choses du bon côté : toute colère déversée maintenant, c'est autant de colère en moins plus tard.**

RÈGLES ET CONSIGNES

Employez le mot « règles » pour les demandes récurrentes et le mot « consignes » pour les demandes ponctuelles. Par exemple :

– « À la maison les quatre règles à respecter sont... » ;

– « Nous allons au supermarché, les consignes sont... ».

Dans la situation décrite ci-après, vous êtes avec votre enfant de 2 ans dans votre chambre, il est sur votre lit et vous devez aller dans la cuisine. Vous souhaitez qu'il ne saute pas sur le lit en votre absence. Dans les deux cas de figure évoqués, c'est un échec : l'enfant fait ce qu'il ne faut pas faire. Mais vous comprendrez l'importance de la façon de présenter les choses à votre enfant et surtout les conséquences que cela a sur vous dans la manière de vivre cet échec.

Premier cas de figure

« Je vais dans la cuisine, ne saute pas sur le lit ! »

Résultat : votre enfant saute sur le lit

À votre retour, vous le surprenez en train de sauter sur le lit :

« Je t'avais dit de ne pas sauter sur le lit ! Quand est-ce que tu vas m'écouter, bon sang ? »

Ce que vous avez fait

- C'est vous qui lui avez transmis l'idée de sauter sur le lit.
- Vous avez utilisé la négation (« ne... pas... ») et il n'a pas compris (voir p. 93).

Conséquences sur vous

- Votre ego parental est blessé.
- Vous êtes en colère et vous lui transmettez votre émotion.

Second cas de figure

« Je vais dans la cuisine, la consigne est de rester allongé jusqu'à ce que je revienne. »

Résultat : votre enfant saute sur le lit

À votre retour, vous le surprenez en train de sauter sur le lit :

→

« Tu respectes la consigne, là ? ». Et il s'arrête.

Ce que vous avez fait

- Vous avez précisé ce que vous attendiez de votre enfant (tournure positive).

Conséquences sur vous

- Votre ego est blessé car votre enfant n'a pas joué le jeu, mais la consigne, agissant comme un paravent, a évité de faire monter en flèche votre colère.

« Le plus dur pour un adulte qui doit gérer la colère d'un enfant c'est d'arriver d'abord à gérer la sienne. »

Souvent, la colère réactive nos vieilles blessures. Telle une force irrésistible, elle soulève le gros rocher sous lequel étaient enfouis certains de nos souvenirs, et pas les plus heureux. Elle révèle notre impuissance à régler ces problèmes du passé : « Il se fiche de moi… », « Il ne m'écoute pas ! », « Il le fait exprès ! » « Il me cherche ! », « Je suis un parent incompétent », etc. Mais il faut autant que possible s'efforcer de faire la part des choses entre, d'une part, une blessure ancienne et personnelle, réactivée par la crise de votre enfant mais avec laquelle il n'a rien à voir et, d'autre part, la situation présente : nous l'avons vu, c'est avant tout un besoin fondamental non satisfait qu'il faut déceler (voir tableau page ci-contre et encadré p. 164). Si vous identifiez ce besoin, cela vous permettra de proposer la réponse la plus adaptée.

La colère vient souvent d'une mauvaise interprétation de l'intention de l'autre. Listez les besoins fondamentaux de votre enfant de façon à les avoir en tête au moment où vous cherchez à savoir quel besoin insatisfait se cache derrière la colère de votre enfant. L'objectif est de limiter la confrontation des besoins de l'adulte et ceux de l'enfant, laquelle peut être à l'origine de crises de colère : si vous avez besoin de vous reposer et que votre enfant veut s'amuser, l'opposition entre ces deux besoins crée un rapport de force qui peut devenir conflictuel.

Les besoins et sentiments de l'enfant	Le message à décrypter
Besoin d'attention	« Remarque-moi ! »
Besoin de pouvoir	« Donne-moi des choix ! »
Sentiment de revanche	« Nomme mes émotions ! »
Sentiment d'incapacité	« Aide-moi à faire ! »

LES BESOINS FONDAMENTAUX CHEZ L'ENFANT

Les besoins physiologiques

- Boire et manger
- Dormir, se reposer
- Se laver, avoir une bonne hygiène
- Bouger, dépenser son énergie, faire de l'activité physique, être dehors
- Être en sécurité (physique et affective)
- Communiquer

Les besoins psychologiques, affectifs et sociaux

- Se sentir aimé (avoir son réservoir affectif rempli)
- Se sentir compris, soutenu, accompagné
- Se sentir respecté
- Obtenir de l'attention, du temps exclusif avec vous
- Être stimulé
- Être équilibré (stabilité, rituels, routines)
- Être structuré
- Être autonome, agir seul
- Jouer
- Explorer, découvrir
- Apprendre
- Avoir du pouvoir
- S'affirmer
- S'accomplir, se dépasser
- Se sentir utile
- Susciter l'estime des autres (encouragements)
- Obtenir de la reconnaissance

- Se différencier (ne pas être comparé)
- Avoir la liberté de choisir, décider

Un besoin non assouvi génère une frustration, qui se manifeste par de la colère. L'enfant vit ses émotions de plein fouet et il vous le fait savoir ! Distinguez alors le stress de la colère. L'enfant en colère tape du pied sur le sol, vous regarde fixement, méchamment. Sous l'effet du stress, il est plus fuyant. Par exemple, au supermarché, il se roule par terre pour un bonbon refusé alors que ce refus n'est pas forcément la cause, c'est un trop-plein de stimuli qui engendre un stress (les sons, les lumières, les images, les visages, bref, une multitude d'informations en peu de temps). Essayez alors la formule « Imagine… » : « Imagine que l'on ait une immense boîte de bonbons… Quel genre de bonbons aimerais-tu qu'il y ait dedans ? » Ou, dans un autre contexte : « Imagine que papa soit capable de voler et de te prendre sur son dos… Où aimerais-tu que nous allions ensemble ? » Cette astuce destinée à détourner l'enfant de ce sur quoi il est fixé permet de favoriser l'échange, de l'amener sur un autre terrain et de faire baisser son niveau de frustration, donc de colère.

Montrez-lui comment vous-même vous gérez vos frustrations. Vous avez fait un gâteau, mais celui-ci, trop cuit, est immangeable ; décrivez et exprimez à haute voix votre frustration : « Ah, zut ! Je suis hyper déçu, j'ai raté le gâteau ! ».

L'AVIS DU PROFESSIONNEL,
SERGE LEBON
Le petit enfant a besoin de vivre ses moments de colère et de frustration. Notre devoir est de l'écouter, de lui montrer qu'on l'entend et qu'on est là pour lui. De cette façon, il apprendra à comprendre et à contrôler ses émotions parfois très fortes.

ASTUCES ET ÉTAPES POUR APAISER VOTRE ENFANT EN COLÈRE

1) Identifiez le besoin caché de l'enfant

Situation n° 1 - Votre enfant frappe sur la chaise avec un jouet. Vous lui demandez d'arrêter. Il continue. Agacé, vous haussez le ton. Il se met en colère, crie et pleure.

➢ Il a besoin de passer du temps exclusif avec vous.

Situation n° 2 - Votre enfant réclame une glace et vous la lui refusez. Il crie.

➢ Il veut faire ce qu'il a décidé, s'opposer à vous, il a besoin de s'affirmer.

Situation n° 3 - Le bâton qui lui servait d'épée est tombé dans le caniveau, qui est particulièrement sale. Vous lui dites de ne pas le ramasser. Il se met à hurler et à pleurer.

➢ Il a besoin de jouer.

2) Verbalisez sa colère

Situation n° 1 - « Je vois que tu es en colère. C'est une grosse colère ? Montre-moi : grosse comme ça ? » (Vous ouvrez grand les bras.)

Situation n° 2 - « Tu ressens de la colère. »

Situation n° 3 - « Je comprends que tu sois en colère. Tu y tenais beaucoup à ce bâton, n'est-ce pas ? »

3) Montrez que vous prenez en considération son émotion

Situation n° 1 - « Tu as le droit d'être en colère parce que je te demande quelque chose qui ne te fait pas plaisir. »

Situation n° 2 - « Je comprends que tu sois en colère. Moi aussi j'aimerais beaucoup manger une glace. »

Situation n° 3 - « Tu as le droit d'être en colère. Moi aussi, tout comme toi, si j'avais perdu un aussi beau bâton, je serais sacrément en colère ! »

4) Proposez un outil de retour au calme

Situation n° 1 - « Je te propose d'aller lire une histoire, rien que tous les deux, tu veux bien me montrer ton histoire préférée ? »

➢ En proposant à votre enfant de choisir l'histoire qu'il aime et de la lui lire en tête à tête, vous lui accordez de l'attention, vous remplissez son réservoir d'amour. Son besoin est alors comblé.

Situation n° 2 - « Imagine que tu puisses avoir une machine à glace dans ta chambre ! Tu penses que tu en mangerais combien par jour ? Elles seraient de quelle couleur ? Tu en offrirais à tes amis ? C'est bon les glaces, c'est vraiment dommage que l'on ne puisse pas en manger tous les jours, car cela fait du mal à l'estomac.»

➢ En aidant votre enfant à se projeter dans l'imaginaire, vous entrez dans son domaine et vous lui offrez l'opportunité d'une toute-puissance irréelle, ce qui répond à son besoin de s'affirmer: imaginer des glaces à volonté, de toutes les couleurs, que l'on pourrait partager... Bien sûr, cela ne remplace pas la saveur de la glace dans la bouche, mais votre enfant, en réfléchissant, prend du recul par rapport à sa frustration initiale, ce qui peut suffire à désamorcer sa colère.

Situation n° 3 - «Regarde le caniveau: ton bâton, il est tombé dans la bave d'escargot et les crottes de pigeon. C'est dégoûtant, hein? Et si on allait voir au coin de la rue voir s'il y a un autre bâton, encore plus beau, encore plus grand? Allez, on y va?»

➢ Avec des mots comme la bave d'escargot ou la crotte de pigeon, vous entrez dans l'univers de l'enfant, vous évoquez des choses qui lui parlent et qui, avec un peu de chance, le feront rire. C'est plus efficace que de lui expliquer que s'il touche à son bâton tombé dans le caniveau, il va se salir les mains et risque d'attraper plein de mauvaises bactéries. Et en lui proposant d'aller au coin de la rue, vous allez peut-être piquer sa curiosité et, à tout le moins, vous avez détourné son attention de l'objet fétiche.

Retenez que le ton de votre voix fera toute la différence lors de ces échanges, mettez de la musique et du rythme dans votre propos, appuyez-vous sur la prosodie de la langue française.

Vous remarquerez vite que, très souvent, un simple investissement de votre part sur le mode coopératif et avec une dose de rêve, permet de désamorcer nombre de situations qui paraissent insolubles de prime abord tant la force du cri était intense, tant l'enfant paraissait envahi par la colère et désarmé face à elle.

Et avec un peu d'entraînement, essayez à l'avenir de repérer les éléments déclencheurs de grosses colères afin de les éviter !

10

Les principes fondamentaux de la parentalité positive

La confiance en soi est le plus bel héritage que l'on puisse laisser à ses enfants

Une éducation punitive et sévère pourra contribuer à rendre un adolescent agressif, anxieux, dépressif et sensible aux addictions, voire à l'idée de suicide. La qualité de notre relation avec notre enfant tient avant tout à notre capacité à nous remettre en question, à notre regard, à notre acuité. Si nous partons du principe que dans une situation donnée l'enfant fait exprès de ne pas se comporter comme nous l'attendons, ce n'est pas du tout la même approche que si nous considérons qu'il fait forcément de son mieux quoi qu'il arrive. Nos actions en aval ne seront pas les mêmes. La bienveillance n'est pas une attitude laxiste.

– Mais enfin, voyons ! Tu ne vas pas lui apporter du réconfort après ce qu'elle vient de faire ? m'a-t-on souvent dit.

– Donc, si je te suis, ai-je répondu, tu soumets le réconfort et le don de l'amour uniquement au bon comportement de l'enfant ? Moi, je ne dresse pas mon enfant, je l'élève, j'ai pour elle une vision à long terme. Je ne fais pas reposer notre relation sur un rapport de force qui insinue que je suis gentil parce que ma fille est plaisante et que je la repousse quand elle n'a pas le bon comportement. Œil pour œil, dent pour dent ? Est-ce ainsi que tu vas permettre à l'enfant de réfléchir, de prendre du recul, de se remettre en question, de comprendre, d'évoluer ?

« Empathie et bienveillance, les maîtres mots de la parentalité positive. »

La bienveillance éducative donne des résultats qui s'inscrivent dans le long terme, c'est un investissement pédagogique à fort potentiel dont la répétition est une difficulté considérable en amont et dont les résultats n'apparaissent que bien après l'action entreprise. C'est un mode de fonctionnement répétitif qui a des résultats inobservables dans l'immédiat car il s'agit là du développement du cerveau, lequel est invisible.

Commencez votre approche en ayant à l'esprit :

– le fait que votre enfant est un adulte en devenir. Que va penser cette future personne de votre décision actuelle ?

– l'image du bébé qu'il était et du texte que vous lui avez peut-être écrit au moment de sa naissance.

Ajoutez à cela la conviction profonde que votre enfant fait forcément de son mieux.

N'oubliez pas que le succès tient dans votre capacité à manier en concomitance bienveillance et fermeté : vous avez pris une décision ? Maintenez-là, ne lâchez rien, mais expliquez avec pédagogie et un ton de voix très doux.

> **En tant que source d'amour inconditionnel, si nous agissons de la mauvaise façon, nous pourrons vite faire croire à l'enfant qu'il est mauvais.**

Permettez à votre enfant de réparer ses maladresses sans lui coller une étiquette sur le dos, laissez-le exprimer son opinion et montrez-lui l'exemple à suivre. Votre maternage intensif est un cercle vertueux qui va agir directement sur l'hippocampe, la partie de son cerveau qui régit les capacités d'apprentissage et de mémorisation. Il s'agit là d'un travail invisible, noble et sur le long terme : n'ayez donc pas une vision à court terme avec des attentes de résultats immédiats.

La sécurité affective que vous offrez à votre enfant est un cadeau d'une valeur inestimable. Et en lui témoignant de l'empathie et de la bienveillance, vous le préparez à devenir lui aussi un individu doté de ces qualités.

« Les encouragements et les félicitations descriptives, plus efficaces que les compliments ou les récompenses. »

« Bravo ! C'est super, ce que tu viens de faire ! » Quel parent n'a pas un jour félicité son enfant pour une action qu'il vient d'accomplir ? Parfois, en toute objectivité, le compliment est mérité : ainsi, vous battez des mains, complètement émerveillé, quand votre tout-petit fait ses premiers pas ou quand, plus grand, il pédale pour la première fois en équilibre sur son vélo.

Mais attention aux compliments ! En faire c'est bien, mais il ne s'agit pas de les distribuer à tout bout de champ surtout s'ils sont exagérés. Une étude menée sous la direction du psychologue Eddie Brummelman aux Pays-Bas a montré que les compliments à outrance adressés par des parents à leurs enfants peuvent s'avérer contre-productifs : « *Les éloges dithyrambiques peuvent se retourner contre les enfants qui semblent en avoir le plus besoin – ceux qui ont une faible estime de soi. [...] Si vous dites à un enfant qui a une faible estime de soi qu'il a fait quelque chose incroyablement bien, il va peut-être penser qu'il doit toujours faire incroyablement bien. Il peut s'inquiéter à l'idée de devoir faire toujours aussi bien et décider de ne plus relever de défi.* »[35] L'enfant félicité, même s'il a une estime de soi suffisante, est susceptible de rater la fois suivante à cause de la pression induite par le fait d'avoir réussi (« Maintenant que je sais le faire, je n'ai plus le droit à l'erreur »).

Par ailleurs, les félicitations en elles-mêmes enlèvent de l'intérêt à la tâche elle-même. Il convient de préciser les actions que l'enfant a effectuées pour mériter ces compliments, c'est-à-dire de pratiquer activement ce que j'appelle la « félicitation descriptive » : nommez ce que vous avez vu, ainsi l'enfant se rend compte que vous avez porté un grand

35. Brummelman (Eddie) (dir), « When being called "incredibly good" is bad for children », *Psychological Science* ; lire aussi Brummelman (Eddie), Sander (Thomaes), Orobio de Castro (Bram), Overbeek (Geertjan), Bushman (Brad J.), « "That's not just beautiful ! That's incredibly beautiful!" - The adverse impact of inflated praise on children with low self-esteem », *Psychological Science,* 16 janvier 2014, vol. 25, 3: pp. 728-735.

intérêt à sa façon d'être et d'agir, il se remémore et solidifie cette nouvelle compétence pour la prochaine occasion. Par exemple, au lieu d'un simple bravo la première fois que votre enfant traverse la rue prudemment, soulignez cette action : « J'ai vu qu'avant de traverser la route tu avais bien regardé si le petit bonhomme était vert. Bravo ! » Encouragez votre enfant au maximum plutôt que de le complimenter. Quand on félicite un enfant pour ses efforts et non pour ses résultats, on l'encourage à faire de son mieux en évitant la crainte de l'échec. En effet, l'échec est un escalier qu'il faut monter pour aller vers la réussite. N'hésitez pas à expliquer à votre enfant que l'échec, c'est de l'information. Que c'est nécessaire pour apprendre et s'il se désole de ne pas avoir réussi, vous pouvez rajouter le petit mot magique «pas encore»: «Oui, c'est vrai, tu n'as pas encore réussi!»

Enfin, si un enfant est fortement récompensé pour une tâche ingrate, il risque de se dire : « Si j'ai été bien récompensé pour cette tâche, c'est que celle-ci ne doit pas être valorisante, car je n'ai pas besoin d'être fortement gratifié pour une chose qui me plaît ». Le schéma mental qu'il construit alors en comparant la tâche demandée et la récompense est dégradant.

L'AVIS DU PROFESSIONNEL,
SERGE LEBON
Les encouragements agissent sur nos enfants tel un véritable carburant qui les propulse dans l'accomplissement de leur plein potentiel.

Je vous livre ci-après quelques exemples de situations récurrentes, que vous avez peut-être déjà vécues. Les suggestions que je fais pour trouver une issue à ces petits problèmes du quotidien ne sont bien sûr pas exhaustives, mais elle sont inspirées de mon expérience de père et nous ont permis bien souvent de sortir de crises de larmes ou de colère bien plus efficacement qu'une opposition frontale.

ASTUCES POUR DÉNOUER QUELQUES SITUATIONS CONFLICTUELLES

Le verre cassé

Votre enfant joue avec un verre. Vous intervenez :
— Arrête de jouer avec ce verre !
Il continue.
— Ne joue pas avec ce verre, je t'ai dit ! Tu risques de le casser et de te blesser en te coupant !
Vous avez raison sur le fond, mais quant à la forme, vous avez accumulez les erreurs de communication

car en vous exprimant ainsi : vous donnez un ordre ; vous utilisez la négation (n'oubliez pas que jusqu'à environ 2 ans, l'enfant ne la comprend pas) ; vous invoquez un rapport de cause à effet que l'enfant ne peut pas appréhender. Résultat : le verre se casse et vous criez !

➢ **Suggestion**

Dites-lui plutôt :

— Je vois que tu as besoin de manipuler quelque chose. Tiens, je te donne un gobelet en plastique ou de la pâte à modeler.

Le collant à enfiler

Le matin, votre fille fait toujours des difficultés pour s'habiller. C'est vraisemblablement une manière de vous dire qu'elle n'a pas envie d'aller à l'école et/ou qu'elle n'aime pas ce moment.

➢ **Suggestion**

Posez deux collants au sol et proposez-lui de choisir. Une fois le choix effectué, mettez votre main dans une jambe du collant, comme s'il s'agissait d'une marionnette, et faites parler la jambe : la jambe « demande » à votre fille de lui montrer son pied gauche. Du coup, obligée de réfléchir pour répondre à la question, elle quitte son air bougon, elle se déride, sensible à la manière ludique dont vous avez enveloppé la séance d'habillage.

La crise à la plage

Sur la plage, votre fils, à qui vous avez promis une glace, voit passer la marchande :

— Papa, papa ! Je peux avoir une glace ?
Vous vous apprêtez à héler la marchande quand votre conjointe intervient :
— Ah non ! Pas de glace ! Il en a déjà mangé une avec moi tout à l'heure et nous étions bien d'accord sur le fait qu'une glace dans la journée c'est suffisant.
Votre fils se tourne vers vous :
— Mais, papa, tu m'avais promis !
— Oui bien sûr, je t'avais promis, mais je ne savais pas que Maman t'en avait déjà offert une. Maman a raison, je suis d'accord avec elle : une glace, ça suffit.
Votre fils entre alors dans une rage intense.

➢ **Suggestion**

Mettez-vous à la hauteur de votre enfant et prenez-le dans vos bras. Dites-lui que vous comprenez sa colère, que sa colère est légitime puisqu'il a reçu deux messages opposés. Vous évitez ainsi à son cerveau d'être envahi par des toxines très défavorables à son développement (voir encadré p. 94-95) et cela lui permettra, plus tard, d'être capable de raisonner et non de vivre sous le diktat de son cerveau émotionnel.

La station-service

Sur la route des vacances, lors d'un arrêt dans une station-service pour prendre de l'essence, vous entrez dans la boutique. Vous achetez un paquet contenant deux sandwichs (un pour chacune de vos filles) et vous le donnez à l'aînée pour qu'elle l'ouvre. La cadette, 4 ans, fait une crise de colère. À ses yeux, votre geste signifie que vous préférez sa sœur, et vous avez beau tenter de la raisonner en lui montrant que dans le paquet il y a deux sandwichs, donc un pour elle et un pour sa sœur, cela n'y change rien. La colère est trop forte. Deux hommes d'un certain âge, témoins de la scène, vous conseillent à haute voix de la punir : « Avec moi, cela n'arriverait pas ! » conclut l'un d'eux. Mais votre fille n'a-t-elle pas droit à la colère ?

➢ **Suggestion**

Mettez-vous à la hauteur de votre fille cadette et prenez-la dans vos bras. Proposez-lui une solution pour sortir de la crise : par chance, vous avez repéré dans la boutique les gâteaux préférés de vos filles et elles n'en ont plus. Partez les acheter ensemble, juste elle et vous, et, de retour à la voiture, nommez-la chef de la distribution des gâteaux.

Le refus d'avancer

Votre enfant stoppe net dans la rue et refuse obstinément d'avancer alors que vous êtes pressé ?

➢ **Suggestion**

Proposez-lui un jeu :

— Tu fais un pas et j'en fais un aussi, d'accord ?

En refusant obstinément d'avancer, votre enfant se retrouve bloqué, non seulement physiquement mais psychiquement : avancer serait pour lui synonyme de perdre la face. Et en même temps, il a peut-être conscience d'avoir été trop loin sans savoir comment s'en sortir seul. En lui proposant un jeu, vous lui montrez une porte de sortie honorable car vous dépassez son entêtement.

Le refus d'aller se coucher

Vous dites à votre enfant d'aller se coucher. Il ne le fait pas. Vous insistez:

— Allez, viens te coucher !

Il refuse. Vous répétez une fois votre demande. Ne répétez pas plus de deux fois.

➢ **Suggestion**

Optez pour une approche ludique du coucher:

— Allez, accroche-toi à mon cou, je t'emmène !

Ou:

— Tu as ton ticket pour l'avion Super-Papa ?

Effet garanti !

Les hurlements

Votre enfant se met à crier sous l'effet de la colère. Vous lui dites (sans crier !): « Ne crie pas ! ».

➢ **Suggestion**

Montrez-lui que vous prenez sa colère en considération:

— Tu as le droit d'être en colère mais exprime-toi avec des mots en disant : « Je ne suis pas content ».

Les griboullis sur le canapé

Votre enfant gribouille avec un stylo sur le canapé en cuir. Vous réagissez vivement :

— On n'écrit pas sur le canapé ! Tu ne rends pas compte c'est hyper cher, un canapé, en plus il est en cuir !

➢ **Suggestion**

Le mal est fait, vous ne pouvez pas revenir en arrière. Il ne vous reste plus qu'à profiter de cette situation pour vous inscrire dans une démarche pédagogique et constructive. Amenez votre enfant à réfléchir à la façon dont vous aller pouvoir, ensemble, réparer les dégâts.

Le dessin animé

Votre enfant, à peine rentré de l'école, veut regarder la télé :

— Papa, je peux regarder un dessin animé ?

Vous refusez parce que vous avez établi des règles ensemble sur les horaires de télé et ce n'est pas le bon créneau :

— Non, ce n'est pas le moment pour regarder la télé.

Il se met en colère.

➢ **Suggestion**

Vous instaurez le dialogue dans le calme :

— Papa, je peux regarder un dessin animé ?

— Tu en as très envie, n'est-ce pas ?

— Oui.

— Rappelle-toi la règle : la télé est éteinte au retour de l'école. Est-ce que tu te rappelles ?

— Oui.

— Maintenant je te propose de regarder ce dessin animé plus tard, en replay, et à la place on peut jouer dehors un quart d'heure ou faire un puzzle. Que préfères-tu ?

— Le puzzle ensemble, papa !

— Très bien, allez, c'est parti !

La natation

Votre enfant n'a pas le réflexe de fermer la bouche lorsqu'il nage.

— Ferme ta bouche ! lui dites-vous. Sinon, tu vas boire la tasse et ce n'est pas bon pour la santé.

Vous lui donnez un ordre qui s'avère inefficace car l'enfant ne comprend pas le rapport de cause à effet.

➢ **Suggestion**

Mimez le geste à reproduire ou proposez-lui un jeu (« On va faire comme Némo, OK ? ») ou encore, énoncez une règle à respecter :

— Tu as le droit d'ouvrir la bouche lorsque ta main touche le rebord ou que ton pied touche le sol.

Et si votre enfant ouvre la bouche en nageant, vous lui dites :

— Ta main touche le rebord ?

Et il fermera sa bouche.

La course

Votre enfant se met à courir sur un chemin en légère descente, plein de cailloux, alors que vous lui avez déjà dit à de nombreuses reprises « Tu as le droit de courir si le sol est en mousse ou en herbe ». Votre réflexe :

— Ne cours pas ! Tu risques de tomber !

L'enfant continue.

➢ **Suggestion**

Posez-lui la question :

— Comment est le sol ?

Il y a de fortes chances pour qu'il s'arrête afin de vérifier la nature du terrain et de répondre à la question.

11

Récapitulatif

Ayez de votre enfant des attentes élevées et raisonnables sans le protéger de l'échec (si celui n'entraîne pas de blessure physique bien entendu).

Ne faites pas à sa place ce qu'il peut faire seul !

Proposez-lui une nourriture de bonne qualité, un rapport fréquent avec la nature et permettez-lui de bouger souvent.

Commencez votre réflexion en partant toujours du principe que l'enfant fait de son mieux et qu'il est naturellement bon. Il aime aider, coopérer, il est doté d'une formidable empathie, il cherche en permanence à s'améliorer et à comprendre, il aime découvrir, il est positif par nature, enthousiaste et bienveillant. Lorsqu'il est en crise, il ne vous manipule pas, il vous exprime avec maladresse un besoin caché non assouvi.

Surprotéger votre enfant est contre-productif, mais le laisser à lui-même l'est aussi. Ne vous dites surtout pas: «La vie est dure et injuste, plus tôt il sera dans le bain de cette réalité et plus tôt il pourra s'y adapter»: c'est l'inverse qui risque de se produire. Le juste équilibre, c'est l'amour inconditionnel, toujours et encore. Ainsi, son cerveau va se développer dans des conditions optimales qui lui permettront plus tard d'affronter le côté obscur de la vie. Pour l'aider à devenir un adulte autonome, responsable, capable de faire des choix, entrez dans une parentalité engagée et bienveillante. Le bonheur de votre enfant, de votre conjointe et de vous-même en dépend, et une harmonie familiale, reposante et évolutive est à la clé.

Il est préférable d'envisager l'ennui comme un partenaire: il éveille la créativité de l'enfant, stimule le développement de son potentiel et lui redonne confiance en ses capacités. Dans notre société, avec nos smartphones greffés à nos mains, nous ne laissons guère de place à l'ennui car il est synonyme de fainéantise et de perte de temps. Pourtant c'est une ressource essentielle pour aider un enfant à découvrir son monde intérieur, ses véritables intérêts et ses aspirations profondes.

Pour être demain dans les souvenirs de nos enfants, soyons pleinement dans leur vie aujourd'hui. Quels images de nous nos enfants garderont-ils, si ce n'est notre temps de présence, la qualité de nos échanges et la valeur de nos comportements ? Notre génération est le point de bascule entre l'avant et l'après, soyons fiers ! Les enfants ne se rappelleront pas que vous aviez toujours le plein de compotes dans votre sac au square mais que vous avez joué avec lui, ça, ils ne l'oublieront pas !

Futurs et jeunes parents, ajoutez de l'enfance à l'enfance, poussez la manette de cette fusée à fond et remplissez le réservoir des souvenirs et non celui des regrets, vous êtes devenu un coach qui soutient et qui élève vers le haut, gardez une bonne dose de philosophie et une vision à long terme.

Donnez aujourd'hui à votre enfant un cadre et des repères pour en faire demain un adulte bienveillant, autonome, responsable et qui sache faire des choix.

Les multiples petits changements d'aujourd'hui sont déjà une énorme pierre à la construction du monde bienveillant de demain. Participez ! Nous sommes tous interconnectés et dépendants les uns des autres : si nous nous donnons tous la main et que celui du milieu faiblit, il ne tombera pas, alors que s'il est seul il tombera.

Les relations que les enfants entretiennent avec leur parents transforment leur comportement. Notre mission est bien plus importante que nous ne nous l'imaginons…

Retenez bien que ce n'est pas l'amour que vous éprouvez pour votre enfant qui vous donne le pouvoir de l'élever avec plus de facilité mais bien l'amour que votre enfant vous porte.

Oui, la parentalité bienveillante est difficile car elle demande de la patience, de la rigueur, une attitude répétitive, remplie d'amour et de respect, et ce pour des progrès invisibles : le développement du cerveau de notre enfant. Mais le jeu en vaut la chandelle : la relation parent/enfant se fonde sur une confiance réciproque et l'enfant gagne en maturité et en autonomie. À ce sujet, voici un témoignage édifiant… Quand il s'agit de sauter du lit dans mes bras, ma fille de 6 ans me dit :

— Papa, rapproche-toi, t'es trop loin !

— Mais non, tu le sais bien : s'il y a une personne au monde qui ne souhaite pas que tu te fasses mal, c'est bien moi, ton papa !

— Oui, mais rapproche-toi quand même, s'il te plaît !

— OK. Là, ça va ?

Je suis à quelques centimètres d'elle, prêt à la recevoir dans mes bras, sans même qu'elle ait besoin de sauter tellement je suis près !

Or, à l'île de la Réunion, alors que nous rendons visite à Serge Lebon, ma fille nous demande si elle peut faire un saut en parapente. Les enfants font facilement ce genre de baptême là-bas et, compte tenu de la qualité de l'encadrement, après quelques hésitations, ma conjointe et moi, nous lui donnons notre autorisation. Et voilà notre enfant qui se retrouve à 300 mètres de haut au-dessus de la mer. Elle n'est plus qu'un tout petit point dans le ciel. Je la regarde d'en bas, depuis la plage et je repense à ce saut qu'elle avait peur de faire avec moi à la maison, depuis son lit ! Avait-elle des doutes sur ma capacité à l'empêcher de tomber ? N'avait-elle pas confiance en moi ? C'est douloureux, mais parfois nos chérubins accordent plus de confiance, et avec grande facilité, à des inconnus qu'à nous-mêmes, leurs parents. Mais peut-être faut-il dépasser cette déception de parent et voir dans ce comportement une manifestation de l'autonomie grandissante de nos enfants? En faisant ce baptême de parapente, ce n'est pas à un inconnu total que ma fille accordait sa confiance, c'est à un professionnel chevronné de l'activité, et c'était par conséquent la bonne personne. Ce n'est pas avec moi qu'elle aurait pu vivre cette expérience formidable. Ma fille était alors suffisamment mature pour faire ce choix et, Elle a su alors se détacher de nous, donc grandir… et voler… presque de ses propres ailes!

Liste des encadrés et des astuces pratiques

Liste des encadrés et des astuces pratiques

Remerciements

Je remercie Marianne, mon soleil, Alice et Margot, mes deux filles et Kéliane, mon beau-fils : sans eux, ma vie n'aurait pas tout le sens exceptionnel qu'elle a aujourd'hui.

Merci à Isabelle Filliozat pour les connaissances précieuses qu'elle partage depuis longtemps au sujet de l'éducation des enfants et de la parentalité positive, et pour sa contribution à ce livre.

Merci à Serge Lebon, formateur à l'Atelier du futur papa de la Réunion et formidable papa de quatre garçons, pour ses interventions précieuses qui ont nourri ma réflexion.

Table des matières

DÉCOUVREZ ÉGALEMENT CHEZ LEDUC POCHE

9,90 €

ET EN GRAND FORMAT

17 €

BRUNO HOURST Chercheur en pédagogies nouvelles
ALBANE DE BEAUREPAIRE Formatrice en pédagogies alternatives
Illustrations de Jilème
LES INTELLIGENCES MULTIPLES DE VOS ENFANTS
Découvrez et encouragez leurs potentiels, de 0 à 12 ans
Pour élever vos enfants sans écrans – ou presque !
LEDUC.S PRATIQUE

17 €

Cet ouvrage est composé de matériaux issus de forêts gérées durablement certifiées PEFC™.

Le Programme de reconnaissance des certifications forestières (PEFC™) est le plus grand organisme mondial indépendant de contrôle pour une gestion durable des forêts. Pour en savoir plus, consultez le site *www.pefc-france.org*

PEFC™ PEFC/14-38-00277

Achevé d'imprimer en juillet 2021
par Novoprint
Dépôt légal : août 2021

Imprimé en Espagne